黑龙江省教育科学"十三五"规划基础教研专项重点课题

核心素养视域下的学校"金字塔"型情智课程体系研究与

情感·智能·素养

——基于情智共生的课程建设与教学实践研究

张巍 著

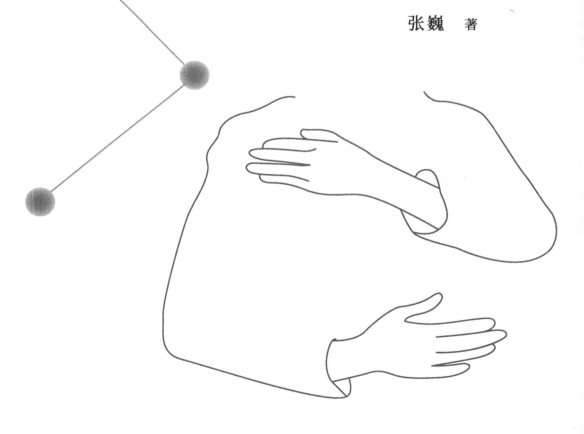

天津社会科学院出版社

图书在版编目（ＣＩＰ）数据

情感·智能·素养 ：基于情智共生的课程建设与教
学实践研究 / 张巍著. —— 天津 ：天津社会科学院出版
社，2022.3
　　ISBN 978-7-5563-0806-4

　　Ⅰ．①情… Ⅱ．①张… Ⅲ．①课程—教学研究—初中
Ⅳ．①G632.3

　　中国版本图书馆 CIP 数据核字(2022)第 038987 号

情感·智能·素养：基于情智共生的课程建设与教学实践研究
QINGGAN·ZHINENG·SUYANG:JIYU QINGZHIGONGSHENG DE KECHENG JIANSHE YU
JIAOXUE SHIJIAN YANJIU

出版发行：天津社会科学院出版社
地　　址：天津市南开区迎水道 7 号
邮　　编：300191
电话/传真：（022）23360165（总编室）
　　　　　　（022）23075303（发行科）
网　　址：www.tass-tj.org.cn
印　　刷：北京建宏印刷有限公司

开　　本：787×1092　毫米　　1/16
印　　张：17.5
字　　数：250 千字
版　　次：2022 年 3 月第 1 版　2022 年 3 月第 1 次印刷
定　　价：78.00 元

/ 前言 /

习近平总书记说："青年是引风气之先的社会力量，一个民族的文明素养很大程度上体现在青年一代的道德水准和精神风貌上。"国无文明则不强，人无文明则不立，唯有文明达到一定的高度，方为大成。学校是培养新时代人才的沃土，只有落实好立德树人的根本任务，方堪大任。

初中阶段在孩子求学生涯中是一个重要的承上启下阶段，更是人生身心健康发展、情智协同成长的关键时期。这个时期的青少年已经开始主动接触社会，他们的学习环境在丰富，生活范围在扩大，眼界在拓宽，思维也因此变得更加活跃。但此时的他们，思想、智力、情感还没有发展成熟，分辨是非的能力、把控自我行为的意识都还处于较低的水平，极易受到环境和各种不良思想的影响。同时，初中阶段的青少年可塑性很强，这段时间正是德、智、体、美、劳全面发展的好时期，正向的精神引领、正确的价值导航、多元的文化教育是十分必要、不可缺少的。因此要求学校的每一位教育工作者既要肩负艰巨的历史责任，又要承担光荣的文化使命。

"培养什么人、怎样培养人、为谁培养人"是我国教育的根本问题，落实"立德树人"是教育的根本任务。然而"培养人"是一个系统复杂的工程。学校的教育，怎样才能全面贯彻党的教育方针，又能让立德树人实实在在落地生根？

当今世界处于快速变化的时代浪潮中，"互联网+"、人工智能技术飞速发展，促使人类的思维方式不断变革。教育必须立足当下着眼未来，既要注重学生的五育并举全面发展，又能突出学生特长优势个性所长，培养适应未来社会发展的综合型高素质人才。学校教育怎样既能满足学生当下发展需要，又能满足未来社会发展的需求？

2014年3月"核心素养"首次出现在《教育部关于全面深化课程改革 落实立德树人根本任务的意见》中，并置于首要位置。2016年9月中国学生发展核心素养总体框架正式发布，明确学生应具备的适应终身发展和社会发展需要的关键能力和必备品格。这标志着教育从"知识核心时代"走向了"核心素养时代"。核心素养的真正落地实施，需要学校育人体系发生系统化变革。核心素养的教学观如何重建，教师如何从知识本位的教学转向素养本位的教育？

一所好学校一定有它特别的教育理念，使学生在智力、思想、精神上不断成长丰盈。一所好学校还应该赋予学生厚植到灵魂深处的文化力量，使之成为具有生命厚度和质感的人，使之成为学校文化密码永恒的解读者。那么，学校的文化如何在教育教学中具体化呈现？学校的育人体系如何与前瞻的办学理念契合统一，具体怎样践行和实施？

哈尔滨市第四十九中学基于以上问题的系统思考、不断的探索实践，尝试通过顶层设计、系统建设学校的课程，使学校育人体系，从课程理念、课程目标、课程内容、课程的实施与评价等方面发生系统变化。现代课程论提出：从关注学生作为"整体的人"角度出发，强调课程研究离不开对学生的关注。学校的课程价值怎样由"考试评价出发"转为"从学生生命成长出发"；课程结构怎样由"碎片零散"转为"全局视角系统思维"；课程实施怎样从学科知识育人转为课程文化育人等……我们努力厘清学校课程哲学、办学理念、课程理念、课程目标、课程结构和实施与评价等之间的内在逻辑关系,通过系统深入的探索与实践,建构出情感、智能、素养共融共生,利于学生持续发展的课程体系,真正撬动学校育人模式的变革。

学校在近六十年的办学历程中,文化积淀、历史传承、不断发展,逐步形成了特色鲜明的"情智教育"。我们把"情智共生、奋翮永翔"作为学校精神,"情智相融"作为课程特征,构建浸润式"五致"课程体系,使国家、地方、校本课程有机整合。我们真正尊重学生生命本性,发展内在潜质,唤起内力觉醒,提供多元内容,在实践创新中,让学生从繁重的课业负担走向丰富真实的生命体验。在致上、致美、致善、致深、致新的课程建构与实施中,"四九学子"的情感、智能、素养得到融合发展,成长为身心和谐、情智共生、德才和美、思想与行为统一、个性与社会共融的优秀少年。

全校教师始终坚持"情智共生,释放每一名师生的潜能,为学生的可持续发展奠基"的办学理念,齐心协力,砥砺前行。学校教学质量不断提高,近十年,学校实现了跨越式发展,由一所普通学校发展成一所名优学校;由一所区域内优质学校发展成一所学生喜欢、家长信赖、社会认可的省级文明标兵品牌学校。

为了使学校的课程体系更加科学规范,使多元的课程更富有育人价值,我萌生了将"情智课程"体系建设结集成书的想法,并想借此机会与广大教育界同仁探讨教育的发展与真谛。在过往的教育成果和实践经验的基础上,在各级领导和全体教职工的大力帮助下,《情感·智能·素养——基于情智共生的课程建设与教学实践研究》编写完成。

本书从各个角度对情智课程进行了审视、解析与总结。全书共分为九章,第一章对"情智课程"的总体规划做了详细介绍,包括"情智课程"的形成与确立、"情智课程"的定位与解读以及对"情智课程"的教育观和建设总目标做出了详细的解释。第二章描述了"情智课程""金字塔"型体系结构，包括其形成过程和框架解读。第三章对每一层课程体系做出简单介绍，基础型课程是课程体系的最底层，以国家课程的校本化实施为师生生命成长打好人生底色；体验型课程为第二层，主要是立德修身的德育课程，以"五致"情智德育课程作为"四九文化"的精神密码；第三层是拓展型课程，它将国家课程进行个性化补充和延伸，形成学科的校本课程；最后的顶层是研究型课程，采取项目式的学习方式，培养学生的综合素质。第四章、第五章、第六章、第七章则分别就这四种类型课程的构建过程、构建框架做出更加详细的介绍，同时提供丰富的课例帮助读者更好地对四种类型的课程形成深入全面的理解。第八章则分别从学生成长、教师成就、学校建设三个方面描述了"情智课程"体系建构以来取得的丰硕成果，让读者感受到"情智课程"在实际运用中的优越性。本书最后一章对"情智课程"的未来发展做出了美好构想，"情智课程"体系将在哈尔滨市第四十九中学持续焕发新的生机。

　　本书将教育理论探索与教育实践过程、教育实际效果密切结合。书中呈现了实用性与理论性高度结合、案例典型论证充分、形式多样、图文并茂等多重特色，能够在阅读过程中带给读者舒适的阅读体验。针对"情智课程"体系，本书从理论角度展开论述，对其构建依据与构建理念做出充分介绍；与此同时，关注本书的实用性，在书中回归教育一线、回归课堂、回归师生，使得很多内容具有普适性和推广价值，从而能够给予读者更多具有实用性的建议。本书在创作过程中，充分发挥全校师生的智慧，广泛搜集资料，收录一线教师感想及教学实例。所选案例皆为典型，它们能够最直观、真实地展现出"情智课程"的巨大优势，体现师生得益于此体系的积极效能。此外，为便于广大读者理解，在本书行文中插入了一些图片，包括框架图、示意图、现场活动照片等，内容丰富，图文并茂,这既有利于加深读者对学校教育体系的理解,又能够起到轻松调节的作用。

　　本书的编辑出版,记录了哈尔滨市第四十九中师生的探索与追求,展示了全校师生的风采,它能够问世,离不开各方力量的支持。在此,笔者向关心本书的各级领导和同仁表示诚挚的谢意。愿本书的编辑出版,能够让哈尔滨市第四十九中学历届师生共同回味学校课程带给他们成长的快乐,能够带给更多同道中人对学校教育课程的思考与启迪,能够为教育事业的发展前行注入灵感与力量。情长纸短,难免挂一漏万,本书中尚有不够完善之处,也望得到大家的指点,力求其能尽善尽美。

　　"情智共生、奋翮永翔"的哈尔滨市第四十九中学文化,让每一名师生在每一个生活学习的瞬间都能拥有美好的回忆、切实的收获和有价值的人生体验。我们将继续丰盈学校文化,持续提升办学品质,彩绘学校未来发展之路。

张　巍

2021年6月

/ 目 录 /

绪 论 ···

教育不是呆板统一的刻录，而是为了生命的完整，对不同生命的一种独特唤醒；教育不是枯燥划一的要求，而是为了生命的精彩，对鲜活生命的一种珍贵引领。正如爱因斯坦所说，"所谓教育，就是当一个人把在学校的所学全部忘光后剩下的东西"。而这些"剩下的东西"，也许是一个人的品质修养，是一个人的价值取向，是一个人的思维模式，是一个人的理想追求，是一个人解决问题的能力……

每个学生都是鲜活的独特生命，是千差万别的不同个体，都有着自己的天性和潜能。在每个鲜活的生命个体身上有许多沉睡的"细胞"，有待激活或唤醒，因此每个青少年都拥有自己独特的"人生起跑线"。英国哲学家怀特海①认为，学生是有血有肉的人，教育的目的是激发和引导他们走上自我发展之路。教育的关键作用就是引导学生适时地发现自己的天赋秉性，恰当地唤醒他们心中的潜能，使每个学生从自己独特的人生起跑线上选择开拓适合自己的发展之路，实现自我的人生价值。学校的教育理念、校园文化和课程规划就应该成为可以激发学生潜质、唤醒其自主发展的试金石。

在教育的过程中，学校课程作为教育的有效载体，承担的责任不仅有传授

---

① [英]怀特海著，庄莲平、王立中译：《教育的目的》，文汇出版社2012年版，第1页。

知识、技能和价值观,还有提供一种文化的浸润和素养生成的环境。因此学校课程应是塑造师生心智发展的生命场,是为满足学生持续健康发展需求提供无限可能的五彩跑道。不同的课程,也将使学生形成不同的思维模式和行为方式。"青少年时代的一门课程,也许在未来的某一时候,会悄然地改变一个学生的人生方向,会突然唤醒一个学生无限的潜能。"[①]

伴随着新一轮课程改革进入深水区,学校更加注重课程建设,这既是学校自身发展的追求,也是学校文化建设的延续和特色办学的深化,更是新时代对人才培养的必然需要。始建于1963年的哈尔滨市第四十九中学,是哈尔滨市首批示范初级优质中学。从2013年起,全校教师深入践行"释放师生潜能,为学生可持续发展奠基"的办学理念,坚持"让教育充满智慧、让学习充满快乐、让课堂充满活力、让生活充满阳光"的办学宗旨,在认真贯彻执行国家课程的基础上,因地制宜,不断加大课程资源的开发力度。基于对学科教材拓展、挖掘地域资源、融合时代元素和学生的兴趣、教师的专长及情智发展等方面的需求,学校逐步形成了富有特色的"情智"共生课程,建构了基础型、拓展型、体验型、研究型相结合的立体课程体系。

"四三三"情智课堂文化,让师生共享生命成长的快乐。"四三三"情智课堂文化是指:"四情"——教师在"五种课型""七种课例"的实施过程中,"创设情境、调动情绪、激发情感、树立情怀";"三思"——创建学生"思维活跃、思考深入、思想构建"的课堂文化氛围;"学习的三重境界"——形成"有问题意识、有价值的交流、有批判性思维"的学习思想。

"五致"维度的情智德育课程,即致美的身心、致上的追求、致善的品格、致深的学养、致新的思行,体现学生的观念润塑、习惯知行、美育涵养、知识素养、行为能力,每个维度下又系统科学地构建出相应的课程模块。其中有以爱国元

①万伟:《课程的力量》,华东师大出版社。

素为重要内容的红色基因课程,有以涉及学业规划、发展规划、人生规划的生涯规划课程;有绽放"七彩之光"的艺体特长课程;有融合心理、道德与法治课学科资源、引领学生情绪管理课程等。这些课程逐渐成为学校的特色名片,在师生中广受好评。在课程的开发与实施中,师生升华情感、启迪智慧、规范行为、学有专长,勇于探索创新,敢于担当责任。

在课程建构和实践中,学校注重对青少年积极情感的培养,一个个鲜活个体中蕴藏的智慧得到唤醒和发展,从而培养出情智相伴相生、人格健全和谐发展、有生命质感的人。课程整体突出"情""智""趣"的特点:"情"是情感,通过系列化的课程,培养学生形成高远的情怀、乐观的情绪、生活的情趣、高尚的情操、健康的情商。"智"是智慧,在课程的实施中,逐步培养学生在现在和未来的学习生活中能够智慧思考、智慧行为、智慧策略的能力。"趣"是兴趣、乐趣和志趣,是培育青少年学生健康的心理状态,引导他们形成良好的性格,使青少年学生能够以积极、乐观、向上的人生态度面对困难曲折,学会享受人生的幸福和快乐。

情、智、趣各自的内涵中都融合了人应该具备的心理品质、行为品质和精神品质。心理、精神和行为互相激发潜能,同时又有机交融、互相促进、动态转化,激活生成高品质的修养与能力,最终达到情智和谐、情智共生的境界,即有良好的修养和内涵,有文明自觉的习惯与表象,有适应社会发展的素养与技能,有责任和担当的家国意识与情怀。

情智共生的学校课程,逐步引领教师实现从学科专业知识育人走向课程文化内涵育人的发展方向上。为学校师生的发展不断赋予正能量,促进学生个性张扬与发展,促进教师专业文化拓展与丰盈,促进学校特色文化的彰显与提升,使全体师生的生命成长走向自发、自觉、自立和自能,最终成为一个物质生命、社会生命、精神生命、文化生命统一完整的幸福人。

第一章

"情智课程"的总体规划

习近平总书记说："基础教育是立德树人的事业。"育新人，就是要坚持立德树人、以文化人，建设社会主义精神文明、培育和践行社会主义核心价值观，提高人民思想觉悟、道德水准、文明素养，培养能够担当民族复兴大任的时代新人。学校是培养新时代人才的主阵地，应不断让学生在灵动丰富的各种活动中培根树魂、树立理想、创新发展。

为了全面贯彻教育方针，全面提高教育质量，树立现代教育思想，真正实现转变教育观念，转变教师的教学行为，确立学生的主体地位，学校制定了"情智课程"规划方案。该方案系统规划顶层设计将党和国家的教育理念融入学校整体课程体系中，以落实立德树人为核心，聚焦学生核心素养发展，使学生在获取知识的同时，发展认知和创造力。除此，该方案还非常关注学生情感、意志、价值观等非智力因素的培养，并积极结合特色课程及相关活动促进学生综合素质的整体提升，用优质化学校课程带动学校教育教学工作质量的整体提升。经过不断改革，学校最终建构了基础型、拓展型、体验型、研究型相结合的立体课程体系。

......第一节

"情智课程" 的形成与确立 ......

　　"学校品格能使学校发展变得更有效"。当前社会正处于日新月异的大变革时期,千帆竞发,倡导个性化与多样化,人的追求逐渐开始从单一走向多元。未来赢得竞争优势的将是富有特色文化的国家、组织和个人,学校也是如此。

　　苏霍姆林斯基说过,"情感如同肥沃的土地,知识的种子就播种在这土地上"。哈尔滨市第四十九中学在全面实施素质教育和深化课程改革的探索中,确立了情智教育的特色办学方向,明确了学校未来自我发展的理想追求。学校在办学初期就提出加强学生的"品德、品味、品质"教育,注重学生健全人格和高雅情趣、优秀品质的培养。2008年,以建校四十五周年为契机,教师们回溯办学历程,梳理提炼了"共融共生"的学校精神。学校在不断传承和发展中提出了"让每一名师生,在每一个生活瞬间都有美好回忆、成长收获、人生价值"的发展愿景,确立了"育有潜质的学生,办有发展力的教育,创办具有品牌价值的学校"的未来五年发展目标,把学校已形成特色的"三品教育"进一步升华为"情智教育"。学校在原有的办学理念——"为学生可持续发展奠基"的基础上,将办学理念的内容丰富、拓展并提升为"情智共生,释放每一名师生潜能,为学生的可持续发展奠基"。学校依据这一教育理念,优化了学校发展目标,即育潜质广博的学生,办有发展力的教育,创有品牌价值的学校;学生的培养目标是使每一个学生心有情感、思有智慧、行有规范、学有专长;学校"一训三风"等核心理念,是以具有学校文化特色的校标、校徽,校歌营造学校的文明氛围,让校园成为培养文明之师、培育文明之生、弘扬社会主义教育文明的沃土。

情智教育的"情"是指培养人的高远的情怀、乐观的情绪、生活的情趣、高尚的情操、良好的情商。"智"是指是学生在学习或未来的生活中,具有智慧的思考、智慧的行为、智慧的策略、聪明才智。情智教育就是指教师动用积极的情感和灵动的智慧作用于学生,让学生的情感和智慧和谐共生。"情"和"智"各自的内涵中都融合体现了人应该具备的心理品质和行为品质。人的"情"和"智"之间存在着相互依存、相互影响、相互促进的辩证关系,同时情智之间的动态转化,可以促进人的心理与行为互相激发潜能,从而激发生成高品质的道德修养与能力。

情智导向下的学校课程,促进学生个性发展;引领教师从学科知识育人,走向课程文化育人,促进学校文化内涵品质的提升。情智教育理念下的学校课程,使师生在相互了解、相互理解中共处,在相互尊重、彼此欣赏中共进,在以情盈智、以智润情中共赢,挖掘、拓展和释放学校师生每个鲜活生命的潜能,追求、开启和成就各具特色的精彩幸福人生。其具有以下内涵:

一、学校育人对象是共同成长的师生

"今天是师生共成长的时代",人的生命历程从教育层面来看就是一个不断成长发展的过程,学生在教师的引领下成长,教师在教书育人的过程中促进自己的再成长。这个过程是开发师生自身潜能的过程,是与时俱进、适应、服务社会,实现自己价值的过程。教师、学生作为学校的两大主体,"师生共同成长"应该成为学校的核心理念。

成长应该呈现个性化、多元化的特点,每个生命都应绽放应有的光彩,在共性中有着更加鲜明的个性特征。共同成长包括三个层面:首先是学生与学生的共同成长。尊重学生的个性差异,并将这种差异作为一种可供开发与利用的教育资源,充分利用小组合作学习、团队常规管理的形式,不让一个学生掉队,创建优秀小组,进而创建优秀的班集体。其次是师生的共同成长。教师与学生都是正在成长中的人,教师是在某些方面率先发展的人,教师既是学生成长的引领者,又是学生成长中的合作伙伴。教师既要发挥教育者、引领者的作用,又要努力促进自身的发展,从而实现"教学相长"。师生作为共同成长的人,地位应是平等的,应该相互尊重。再次是教师与教师的共同成长。教师要做到同伴互学,同伴互助,团队资源共享,整体提升优化,创建优秀教师团队。

"师生共同成长"是学校一切工作的出发点,也是学校的价值取向与一切工作的归宿。在这个核心理念的基础上,学校建立了基本的评价标准:凡是有利于学生成长的教育教学方式都是好的教育教学方式;凡是有利于教师专业成长的校本培训方式都是好的培训方式;凡是有利于师生共同成长的教育管理方式都是好的管理方式。基于这样的核心理念,学校就不再是单纯的教书育人的地方,而成为师生共同成长的家园,在这个家园里学生愉快学习,快乐成长。

随着教育改革的不断深入,教师和学生之间的关系正在悄然发生着变化,由原来的"高高在上"转化体现为师生平等,由原来的"唯我独尊"改变成为相互尊重,由原来单向的"传道、授业、解惑"走向师生共同学习、相互促进、携手发展。

在"情智共生"的理念下,学校教育不仅仅要面对青少年学生,同时也要关注每一位教师的发展成长。学校教育的目标不仅仅是让学生学会学习、掌握知识、提升能力、身心健康,实现可持续发展,同时也要重视教师的持续成长和发展。因为只有教师在教育教学实践中、在教科研过程中不断提高自身的教育能力与教学水平,释放自身潜能,与学生同频共振、共同成长,才能成为一名符合新时代要求的合格教师。学校的发展必须是师生的携手共进、和谐成长。

二、学校教育哲学是情智的互相激发融合

教育与人息息相关。教育指向人、为了人、提升人。我们应该认识到,教育所面对的不是空洞、抽象的符号意义上的人,而是一个个有着鲜活的生命、情感与智慧的具体的人。学生作为一个成长中的生命个体,其内在的生命与人格、情感与智慧的生长,理应成为学校教育矢志不渝的追求。正是在这样的意义与尺度上,哈尔滨市第四十九中学在承传学校历史命脉与文化传统的基础上,把"情智教育"作为学校的教育哲学,并试图以"情智的互相激发融合"作为培养学生的出发点与归宿点,实现对学校教育的一种内在超越。

所谓情智教育,是教育者用自己高尚的情感和丰富的智慧营造出情智和谐的教育氛围,使受教育者的积极情感得到培养,蕴藏的智慧得到唤醒和发展,从而培养出情智和谐发展、人格健全的大写的人。情智教育不等于情感教育,它不是仅仅作用于情感领域来培养高情商的人;也不等于智慧教育,仅仅以发展人的理性智慧为目标,培养所谓高智慧、高智商的人;也不等于情感教育加智慧教育,它不是两者的简单相加,而是两者的有机交融,它们互相促进,有效转化,最终达到情智和谐、情智共生的境界。

情智教育作为学校教育哲学的提出,有其内在的必然性。其一,它是人和谐发展的必然追求。"人"字的笔画是由一撇一捺组成的:一撇侧重于感性的发展、情感的发展,一捺侧重于理性的发展、智慧的发展,一撇和一捺的交叉点就是追求情感与智慧的和谐共生。我们"情智教育"培养的人,一撇上写着"高尚的情感",一捺上写着"丰富的智慧",加起来就等于顶天立地的大写的人。倡导情智教育,正是希望我们的学校教育能够重新回到教育的原点,按照教育的本源规律办事，让我们的教育真正能够致力于培养完整的、和谐的人，从而让我们的教育富有一种启迪生命、提升生命的光泽。

其二，它是当代教育的理性呼唤。现代文明要求我们具有两种精神，一是科学精神，二是人文精神。我们认为，科学精神的核心是"智慧"问题，人文精神的核心是"情感"问题，而"情智教育"就是培养富有科学精神和人文精神的和谐统一的现代人。

其三，它还是新课程改革核心理念的一种自然呼应。新课程改革提出三维目标：第一维是"知识与技能"，第二维是"过程和方法"，第三维是"情感、态度、价值观"。我们认为，"知识与技能""过程与方法"都可以纳入智慧教育范畴，而"情感、态度、价值观"则可以纳入"情感教育"范畴。因此，"情智教育"与新课改理念不谋而合，有着异曲同工之妙。

其四，它还体现了中西方文化的和谐融合。中国传统文化的主脉是儒家文化，是"和"文化、"情"文化；西方文化是理性文化、"智"文化。"情智教育"旨在融会中西文化精髓，做到古为今用，洋为中用，最终为我所用。

人的情感是智能启迪的直接动力。从心理学的角度看，情感的发生是从"欲"到"意"，由"意"到"情"的过程。这一过程所形成的生理和心理能量是人一切高级思维活动的直接动力。

从兴趣入手，触发情智共生。当代教育呼唤科学精神和人文精神。科学精神的核心是智慧问题，人文精神的核心是情感问题。学校提出的"情智课程"正是为了使学生成为融合共生的人。

·········· 第二节

"情智课程" 的定位与解读·····················

"情智课程"是教育者动用积极的情感和灵动的智慧作用于受教育者,让受教育者的情感和智慧和谐共生。它着眼于发展学生的情感潜能和智慧潜能,着力唤醒学生的情感,点燃学生智慧的火花,让学生的情感更丰富、更高尚,让学生的智慧更灵动、更丰厚。

学校从"三品特色教育"到"共融共生",从情智教育文化到情智共生的课程体系建构,都是基于传承学校文化历史,基于满足学生人生发展的需求,基于提炼学校办学特色,基于新时代人才的需要而思考和定位的。

一、情智共生,传承文化积淀,是对学校历史的尊重顺应

在近六十年的办学历程中,学校始终坚持"为学生可持续发展奠基"的办学理念。在任何一个发展阶段,学校都致力于从生命原点出发、远瞩学生终身发展的教育,努力使一代代师生在教育生活的体验中相互学习、互相促进、共同成长。

在成立初期,学校就提出加强青少年学生的"品德、品味、品质"教育,注重青少年学生人格健全、高雅情趣和优秀品质的启迪、引导和培养。随着社会的发展、时代的变化和科技的进步，基础教育改革也在不断深化，与学校办学相关的政策也在不断地调整变化，入校生源基础素质差异变大等教育教学新问题的出现，使学校办学质量的提升面临新的挑战。学校以建校四十五周年为契机，适时地组织教师们共同回溯学校近五十年的办学历程、文化轨迹、教育理念，并在此基础上，梳理提炼出了"共融共生"的学校精神，提出了"让每一名师生，在每一个生活瞬间都拥有美好回忆、体验成长收获、品味人生价值"的学校发展愿景，确立了"育有潜质的学生，办有发展力的教育，创办具有品牌价值的学校"的学校发展目标。

学校在不断传承和发展中，升华的"情智教育"在此基础上进一步提炼、归纳、总结出"一训三风"：

校训：勤学、慎思、笃行、创新。

校风：踏实、乐观、协作、进取。

学风：自主探究、精益求精。

教风：有教无类、教学相长。

正是根植于学校历史文化积淀中对教育真谛的坚守，在不断学习、实践、总结和探索创新中，教师们怀抱着对教育的满满情怀，品味着教育生活的幸福，坚定着实现美好憧憬的方向与信念，才最终拥有了更加笃定的课程建构方向，并为之践行传承。学校办学水平日渐提高，办学质量逆势而上，学校工作赢得广泛赞誉，在2016年被授予哈尔滨市首批特色学校。

二、情智共生，回归教育本源，是对生命成长的尊重顺应

教育有其自身的规律和功能，它关乎人的生命轨迹与灵魂塑造。每一名学生都是一个鲜活的生命，他们有自己的兴趣爱好、情绪情感体验、生活经历，也有个性潜能独特的领域。学校提出的"情智共生"是对每一个鲜活生命应有质

感的尊重和还原。丰盈的情感内质,智慧的思维特质和情智共生的行为品质构成了人类生命个体的质感。梁思成先生曾提倡教育要走出"半个人"的世界,呼吁培养具有完全人格的人。由于社会上仍然尚存教育功利化思想,至今唯分数、唯成绩、唯"成功"论在不少学校、教师、家长、学生中还具有一定的市场和影响,繁重的课业负担和缺少丰富真实的生命体验,埋没了学生特有的潜质,使学生的成长过程中只剩下枯燥的分数。在这样的社会环境下,学校提出了"情智共生",它能够用真挚情感和智慧,让生命现阶段以及未来都呈现出鲜活饱满的状态。所以,我们将"情智共生"作为生命教育的目标,将"情智相融"作为生命过程的教育手段,努力搭建润化生命质感的载体。

情智共生是对生命内在潜质的预见和激发。安东尼奥·罗宾曾经说过:"个人自身的潜能犹如沉寂的火山,一旦被叩醒,便会产生所向骇人的力量。"人类的潜能是巨大的,处于成长变化中的青少年身上更是蕴藏着巨大的潜能。生命的发展是有其自身的规律的,其阶段性、特异性、自主性、补偿性、转化性复杂多变,某一阶段的某一方面的缺陷或失误,不等于整个生命的失败,某一阶段的发展的缓慢或偏移,也不意味着生命会失去发展的潜力。情智共生就是用极乐观的眼光和态度去欣赏和预见青少年学生的天性,视青少年学生的巨大潜能为教育的资源和财富,用富有情感的教育氛围和富有智慧的教育过程,启迪、引导青少年学生具有的特色潜质,使其转化为可见的现实或未来成长的宝贵种子。

让学生拥有丰盈的情感内质、智慧的思维特质和情智共生的行为品质,使其成长为一个有生命质感的人,是学校多元丰富课程体系的追求。学校课程体系尊重学生的成长规律,视青少年学生的兴趣、爱好、特长、潜能为主要的教育资源。在各种课程中,每个孩子都可以按照自己的优势和潜质去发展,在自主的体验和收获中体味成长的乐趣,以此促进青少年学生更好地个性化成长和自主发展。在教师的引领下,学生们在学校的学习生活中,在与教师的共同成长过程中,逐步懂得了怎样打好自己生命的底色,调好未来的主色,彩绘人生的亮色,展示自己生命的本色。

三、情智共生,符合时代召唤,是对人才发展的尊重顺应

党的十九大提出把落实立德树人作为根本任务,不断提高学生的核心素养,培养适应新时代、满足未来发展需要的人才。这标志着基础教育从"知识核心时代"走向"核心素养时代"。教师怎样才能从"学科知识教学"转向"学科素养教育",从而真正实现"立德树人",这已成为每一所学校必须面对和思考的大问题。我们在构建与开发课程时,把着眼点牢牢地定在学生核心素养的培养上,努力培养学生能够终身受益的关键品格、健康情智和必备能力。

学校的育人方向是"心有情感,思有智慧,行有规范,学有专长"。学校的课程内涵是学生在德、智、体、美、劳全面发展的前提下,着力以"心、思、行、学"促进学生发展,使其在学习生活中升腾情感、启迪智慧、规范行为、学有所长。这一目标符合"立德树人"的根本任务,符合培育践行社会主义核心价值观的要求,符合中华优秀传统文化这一时代命题的要求。它指引我们努力培养身心健康且富有自身修养、人文素养、家国情怀和自主发展、合作参与、创新实践能力的社会公民。

四、情智共生,回馈社会信赖,是对地区民生的尊重顺应

学校的生源均来自哈尔滨市香坊区文政社区、王兆社区的普通居民。在小升初选择上,这两个社区每年都有95%的生源升入哈尔滨市第四十九中学,这是对学校极大的认可。家长评价学校说:学校"风气正,情意浓,干劲足,成绩好""不放弃每一名孩子"。学校能得到这样的评价,可谓来之不易。这种情感与信任是学校发展的不竭动力。两个社区中的家庭对于孩子的未来成长都

充满期盼，又困于家庭教育能力有限，所以将更多的教育期望寄托在学校身上。但学生的成长只靠学校是远远不够的，因此学校要引领家长共同进行情智教育的探索，携手共育，竭力创设能够使学生有效学习和卓越发展的教育社会环境，让学生快乐成长。学校对新生曾做过调查，发现21.4%的学生有"特长"，47.8%的学生有自己的兴趣和爱好，30.8%的学生不知道自己喜欢和擅长什么。因此，学校针对以上情况，通过系统化的课程与家长携手共育，让青少年学生们张扬个性，形成发展特质，为他们未来的人生发展挖潜蓄力。

以上充分印证了学校情智教育的定位即是立校之根基，又是学校发展新的生长点。学校搭建了情智教育的发展框架——积淀情智文化、实施情智管理、培养情智教师、开发情智课程、建设情智课堂、开展情智活动、塑造情智学生，使教学质量不断上升，品牌效应愈加明显，而情智教育也成为未来发展的主流方向。

·········第三节
"情智课程" 的教育观··································

　　教育是人类社会发展的重要推动力量,是促进人的全面发展的重要实现途径。"教育目的"是指教育所要培养的人的质量和规格的总要求,"关系到把受教育者培养成为什么样的社会角色和具有什么样素质的根本性质问题,是教育实践活动的出发点"①。教育必须要回答好"培养什么人、怎样培养人、为谁培养人"这一问题。"以人为本"是对马克思主义的人的全面发展理论的坚持和发展,深化和丰富了教育内涵,具有重大的理论意义和实践意义。马克思主义认为,人的全面发展就是符合人的本质和需要的发展,就是让每个人的创造能力和价值得到充分体现,在道德、智力、体力各方面能发展到最好水平,"实现人的本质的全面复归"②。因此,实现每个人自由而全面的发展,构成了马克思主义教育思想的核心。按照实现人的全面发展的要求,培养德、智、体、美、劳全面发展的人,是马克思主义教育理论的精髓。立德树人是实现人的全面发展的必然要求,是教育工作落实以人为本思想的具体实践,为我国发展现代教育事业指明了正确方向。根据以人为本的要求立德树人,意味着我们对教育发展本质、目

①顾明远:《教育大辞典(增订合编本)》,上海教育出版社1998年版,第765页。
②马克思:《1844年经济学哲学手稿》,人民出版社2000年版。

标、功能认识的升华,这为推动教育事业科学发展提供了理论指导,为全面实施素质教育奠定了思想基础。坚持以人为本、立德树人,办好人民满意的教育,本质上是要满足社会日益增长的多样化的教育需求,不断促进人的全面发展。

坚持以人为本、立德树人,体现了教育的本质特征,深化了我们对教育发展的历史使命和社会责任的认识,从理论和实践上回答了"为谁培养人""培养什么人"和"怎样培养人"的根本问题,是对党的教育方针的升华。

在教育目标上,要坚持以最广大人民群众和他们的根本利益为本,教育发展必须把满足人的全面发展需要和人的个性发展需要作为崇高目标和价值追求,以人为出发点,以人为目的,以人为依托,力求品学兼优、教学相长、知行合一,培养德、智、体、美、劳全面发展的社会主义建设者和接班人。

在教育主体上,要坚持育人为本、德育为先,把立德树人贯穿于各级各类教育,贯穿于学校教育、家庭教育和社会教育等各个方面,注重学生整体发展、个性发展和终生发展,不断提高教育教学水平,全面提高学生素质。

在教育目的上,要坚持最大限度地满足群众的教育文化需求,依法保障公民的受教育权利,使得"学有所教",让教育发展的成果惠及人民,真正体现教育发展为了人民,教育发展依靠人民,教育发展成果由人民共享。

在教育方式上,要坚持因人而异、因材施教,尊重每个学生或学习者客观存在的差异性和独特个性,满足每个人的个性需要和期望,深化教育改革,提高教育质量,不断完善终身教育体系,积极建设全民学习、终身学习的学习型社会。

在教育评价上,要坚持以人民是否满意作为衡量标准,注重通过公平、公正的制度安排和政策调适来保障各地区、各阶层、各民族和性别之间的平等受教育权,调整和克服教育不均等现象,大力促进教育公平,推进教育事业全面协调可持续发展。

立德树人既是世界观,也是方法论,更是时代使命。党的十八大、十九大都坚定地把立德树人作为教育的根本任务。

立德树人可谓中华民族永恒的教育价值追求，绵延不断，源远流长。立德树人可以分为立德和树人两个部分，立德是基础，树人是目的，立德和树人是矛盾的统一体，互相影响，相互促进。当今世界，"立何德""树何人"是每个教育工作者都必须明确的教育基本问题。

坚持社会主义核心价值观，是立德树人的客观要求。习近平总书记指出："我国是一个有着13亿多人口、56个民族的大国，确立反映全国各族人民共同认同的价值观'最大公约数'，使全体人民同心同德、团结奋进，关乎国家前途命运，关乎人民幸福安康。"为此他强调必须"把培育和弘扬社会主义核心价值观作为凝魂聚气、强基固本的基础工程"。社会主义核心价值观就是我们这个时代传承千百年之"德"的最大公约数，是新时代之大德。

培养社会主义建设者和接班人，是立德树人的现实追求。我们的教育是社会主义教育，必须体现最广大人民的根本利益，同时，也是社会主义教育目的总的要求。它旗帜鲜明地回答了社会主义教育究竟要"培养什么人"，也就是"树何人"的重大问题，为我们的教育工作指明了方向。教师是人类灵魂的工程师，是人类文明的传承者，承载着传播知识、传播思想、传播真理，塑造灵魂、塑造生命、塑造新人的时代重任。

哈尔滨市第四十九中学因地制宜地进行着立德树人的实践探索，在实践探索中建立起立德树人的学校理念体系和文化体系。

我们落实立德树人的根本任务，践行习近平总书记"努力让每个人都有人生出彩的机会"的教育论述，围绕"培植有生命气息的校园，办有生命情怀的教育"办学思想，从学校教育资源、师生实际情况与办学特色出发，从学生生命本性出发，遵循生命对事物本身的好奇心和探索欲，基于学生"现在"的发现、指向未来的发展，建构和完善学校课程体系，为每一位学生的发展助力和蓄能，逐步使其情智共生、奋翮永翔,奠基幸福出彩的人生。这是学校情智课程建设始终坚持的教育观。

"青年的价值取向决定了未来整个社会的价值取向",党的十八大明确提出"把立德树人作为教育的根本任务",这充分体现了党和人民对教育的殷切希望。而党的十九大报告中,习近平总书记特别在立德树人前面加了"落实"二字,这是对中小学提出的新目标。我们身上的责任感和使命感则更加重大。

学校坚持把立德树人、润泽心灵作为教育的根本任务,建设既有高品位又有特色的学校文化。学校将学习社会主义核心价值观作为"情智课程"建设的重要组成部分,将其贯穿于情智课堂体系建设,使师生们在教育教学的实践探索过程中不断积养好习惯、积储良情智、积淀厚德能,成为敢于担当、勇于探索、善于辨析、乐于生活的"新时代四九人"。

情感与智慧是教育两个最重要的模块,以情启智、情智共生即情智教学的重要意义。情智教育不是挂在嘴上的口头禅,它需要教师在教学中真正地将"情"与"智"相互融合,成为一体,从而达到"情智共生"的境界。这样的教育模式不仅能让我们体会到教师智慧的力量,同时也有效促进了学生情感与智慧的和谐发展。

经过反复深入的研讨,学校围绕立德树人根本任务,"培养具有民族印记的现代中国人",围绕中华文化立根、民族精神立魂、科技振兴追梦,创新途径,系统规划,在学校课程体系中更加关注教育中人性、德性、个性三者间的关系,更加尊重学生的生命成长。课程体现回归天性、发展德性、弘扬个性的特点。学校由过去空洞枯燥的教科书式的说教,走向更多的生活场景中的践行,不断通过文化浸润、爱心涵养和行为强化,促进学生的德性养成,遵循学生认知规律。学校按照一体化、分学段、有序推进的原则,通过"必修+选修"的课程形式,采取"无边界学习+无形浸润+个性体验"的形式,加强学生理想信念、民族精神、文化自信等教育,引导学生逐步成长为有文化素养、有责任担当、有行为准则、有国家意识、有民族精神的社会公民。

习近平新时代立德树人教育观高度重视如何解决好"怎样培养人"的问题,对于实现"为谁培养人""培养什么人"具有关键的推动作用。它是不断提升新时代立德树人工作的针对性和实效性的实践方略和行动指南,对培养担当民族复兴大任的时代新人和实现中国梦具有重要的指导意义。学校秉承新时代立德树人教育观,始终把遵循学生成长成才规律贯穿到立德树人工作始终,强调学校教育肩负着培养学生成长成才的重要责任和使命。学校坚持以学生的发展需求为工作出发点,注重创设良好成长环境和发展平台,激发学生主体意识,为实现学生健康全面成长,培养德才兼备、全面发展时代新人确立了内在规定和价值归属。

学校管理者和教师在实践探索中对立德树人进行了理论思考:立德树人应以师德为先,重视教师的专业成长;应以学生为本,重视学生的全面发展;应坚持引领示范、发现唤醒和体验内化等科学高效的方法路径;应着力环境魅力、校园活力、课堂吸引力、学生能力、教师实力和班子凝聚力的提升。

·········第四节

"情智课程"建设总目标·····························

"情智课程"的关键落在"情"与"智"。"情"是指情绪与情境、情趣与情意、情志与情怀，"智"是指方法与智能、习惯与智能、思维与智慧。以情激情，以智激情，情智相生，才能促使学生的智慧不断升华，促进师生情智共生共长，不断焕发出新的生命活力。

所谓学习过程，就是认知活动和情感活动同时发生、发展的过程。认知和情感相互运动、相互依存。有时知识促进情感的发展，有时情感引导知识的学习，有时知识与情感同前共进。在学习的每一个环节中，情智两者都要相辅相成、相依相存，只有这样，才能达到情感与认知的完美统一和升华，从而促进两种素质的和谐发展。

一、从师生的生命成长出发，开展生命化的教育研究

在学校课程建设与实施中，贯彻"三个着眼点"，即着眼于促进学生全面而有个性的发展，着眼于促进教师育人观念的转变、课程研究力的提高，着眼于促进学校课程整体育人功能的提升。

（一）着眼于促进学生全面而有个性的发展

现代教育越来越尊重孩子的生命成长规律，更着眼于青少年学生生命的长远发展，注重点化和润泽学生的生命，为青少年学生生命的健康成长奠基。越来越多的人更加重视对孩子们的理解、关爱、引导、信任和成全，这是对受教育者不可缺少的关注，也是社会发展的一种进步。

充分发展学生个性，是素质教育与"应试教育"的重要区别之一。如何通过实施素质教育促进学生个性发展，是当前中小学教育改革面临的一个重要问题。基础教育课程改革要求，中小学教育要强调学生通过实践增强探究和创新意识，学习科学的学习研究方法，发展综合运用知识的能力，促进学生全面而有个性的发展。同时，还要增进学校与社会的密切关系，培养学生的社会责任感和中华美德。在"情智课程"的建设中，我们着眼于促进学生全面而有个性的发展，构建多种多样、各具特色的课堂教学模式，转变学生单一僵化的学习方式，促进学生主体性的发展，培养学生探索创新的精神和综合性学习能力。

（二）着眼于促进教师育人观念和能力的转变

学校致力于教师的专业成长，促进教师育人观念的转变、课程研究力的提高，抓好四个"工程"，推动教师专业发展，为教师队伍持续发展积蓄力量，为教师终身发展不断"充值储能"。

学校突出"师魂工程"，加强师德建设。学校紧紧围绕"树根立魂"这条主线，以培养教师的人文素养、担当和奉献精神为重点。学校组织青年教师整理、挖掘、提炼身边优秀的人和事，讲述自己身边感人的故事，启发讲述者，感动聆听者，学习和践行大国"工匠"精神，争做新时代的大先生。

学校做优"名师工程"，扩大名师效应。学校依托名师和名班主任建立人才高地，建立名师工作室，通过名师讲座、名师团队、名师课堂，发挥名师的辐射作用。学校加强团队建设，培养教师的研究习惯。在研究和探索中，教师们相互尊重、彼此信赖、合作共赢，培养了良好的团队精神，树立了团队合作破解教育教学难题的习惯意识，厚积薄发，引领教师追求生命的阳光与丰富。

学校做细骨干工程，加快教师成长。制定个体差异的专业发展目标，引领骨干教师梯度发展。坚持任务驱动式培养，通过课题拉动、问题牵动、任务驱动、思维互动，不断提高骨干教师课程的研发能力。

学校做实"青苗工程"，增强发展后劲。学校实施"影子行动"，青年教师和新教师从备课、上课、听课、评课，到与学生沟通、与家长沟通，都跟住名师，全天候地观察、学习名优教师的各种技能，从而使年轻教师从最初简单的效仿，到实现生命的本真，最后完成教师成长的顺利转型。

学校以生命化教育理念为引领，以创建学习共同体为导向，尝试以课程开发和实施为切入点，将课例研究作为载体，探索新形势下课堂教学策略，促进青年教师、年轻教师专业快速成长，提高课堂教学的实效性。

（三）着眼于促进学校课程整体育人功能的提升

学校的课程建设有两大转向，转向之一是从以学科专业教学建设为中心，逐步转向以情智课程建设为中心，转向之二是以情智课程建设为中心，逐步转向以情智课程体系建设为中心。课程体系建设的逻辑起点是育人目标，而育人目标的上位是教育思想和办学理念。课程体系的建设不仅包括课程开发、课程设置，还涉及课程管理和课程资源等内容。因此，课程体系的建设成为学校育人体系建设的一个关键杠杆，整体撬动了学校育人模式的变革，形成了学校的办学特色。所以，促进学校课程整体育人功能的提升首先要加强课程体系的建设，紧紧围绕"情智共生"的办学理念，促进师生共同成长。

二、提供丰富而适性的课程内容，使学生获得多面长足的发展

国家课程的校本化实施与校本课程的不断开发为学生提供了丰富而适性

的课程内容,校本教材与国家基础教材配套使用,校本课程与国家基础课程相呼应、相适应、相作用,这些都在青少年的成长过程中发挥着各自的功能,使校本教材的编排更加生活化、趣味化。校本教材内容与国家基础教材相配合,是教科书的延伸、扩展和深化。这使得学生在学习和实践中,可以唤醒自我潜能的认知力,培养学生创新实践力,培育学生解决问题的思维建构力,培育学生健康生活、适应社会的发展力,使每一位学生在身心、道德、智力、素养和情感等方面能得到长足的进步和持续的发展。

苏轼曾说:"书富如入海,百货皆有。人之精力,不能兼收尽取,但得其所欲所求者尔。"课程研发要遵照课程目标和量力性的原则,充分分析文本特点、学生学情和本校条件。学校要从实际出发,估测学生的知识水平和接受能力,估测学生的理解能力。此外,校本课程开发者还要选择学生感兴趣的内容,这有助于提高学生的学习积极性和想象力,从而达到教学事半功倍的效果,避免学生因枯燥乏味而引起的厌学情绪。校本课程的开发让学生从身边熟悉的事物出发,把主动权交给学生,让学生按照自己的兴趣去研究学习,这有助于学生自主探究能力的培养和发展。教师在开发校本课程时,应该多征求学生的意见,使学生的兴趣成为课程的出发点。

具有个性化教育的学校课程为尊重、发展和展示学生个性提供了广阔的平台。在课程开发过程中,学校充分重视学生的个体经历和体验价值,适时把握不同发展时期学生个性潜质和独特领域的发展点。为了培养学生主动建构知识的能力,尊重学生个体差异,教师必须要创设获得"知识"的各种情境,靠近学生的"最近发展区",让每个学生主动参与活动的同时完成对知识、能力、情感的构建,实现情智共生,和谐发展。这也就是教师在互动、参与、开放的环境下,采用活动教学,发挥学习者的主动性,以此来促进学生的学习成长。

学校课程的内容是教与学的基本素材,是课程目标实施的重要载体。学校课程的开发意味着一种自主性,即教师和学校有权自主决定部分课程,教师、学生、家长和社区人士合作、共享与探究。同时,课程开发还意味着一种责任,即教师必须抵制一切不利于学生发展的课程内容。课程资源要多元丰富,让广大教师在开发过程中具有较大的选择空间。教师要肩负起"为了每一个学生的发展"的责任,注重所选课程内容的现实性、兴趣性、活动性,切实提高学生文化素养。

"情智课程"的关注点不仅仅是教学目标和教学任务的完成,更是学生"现在"与"未来"发展之间的各种架构。在课程的构建、开发和实践中,团队整合学校资源、社会资源、教师资源、家长资源、学生资源等,开发出较为科学规范的课程。在课程的实施中,教师们立足引导学生终身发展所需的智慧能力和行为品性的全面成长,着眼于学生的终身发展,使他们在不久的将来走向社会、走向生活时更加自信、自觉,能够从容地展现自我生命的活力和发展价值。

第二章

"情智课程"体系建设的基本框架

　　建设有特色的学校课程体系是推进当前中小学课程改革的重要途径和手段。这旨在解决以往中小学课程改革中出现的片面追求课程数量、规模而忽略系统思考和整体设计,从而造成课程建设"碎片化""分散化""割裂化"等一系列影响教育质量和教学效益的问题。而这些问题恰恰展现出学校办学思想和办学理念的不同,反映出学校课程建设水平的差距和校长领导力的高低,从而制约和影响学校整体教育教学质量的提升,影响学校开拓创新和可持续发展的能力。在多年的实践探索中,哈尔滨市第四十九中学坚持以学校课程体系建设为抓手,实现学校发展的系统性突破,获得了一些初步的认识和经验。什么是课程体系?课程体系是指在一定的教育价值理念指导下,将课程的各个构成要素科学地排列组合,使各个课程要素在动态过程中统一指向课程体系目标而形成的综合系统。学校课程体系的建设是学校教育思想和办学理念的具体体现,是实现学校培养目标的可靠依托,是实现学校培养目标的实施方案。

·········第一节
"情智课程" 体系的构建过程················

　　随着社会的发展,素质教育对未来人才提出了崭新的要求。学校紧紧抓住课程改革之机,以课堂教学为窗口,加快课程体系的优化和转变。在教学中,学校坚持既要重视认知能力的培养,又要重视情感兴趣的培养,进而推动二者和谐发展。本节详述学校"情智课程"体系的构建过程,展示学校教学方法的转变以及在生活实践里怡情达智的相关经验。

　　"课程"这一词语,我们既熟悉又陌生。熟悉的是学校日常的语文、数学、外语等一些国家课程教材及课程设计、课堂教学等内容,陌生的是现在谈论比较多的是课程的内涵与外延、课程结构的特点和优化、课程资源开发和运用等内容;熟悉的是我们原来关注比较多的微观操作领域,陌生的则是学校课程的顶层设计、深化创新育人等上位概念。所以,学校的课程建设有两大转向,转向之一是从以学科专业教学建设为中心逐步转向以情智课程建设为中心,转向之二是以情智课程建设为中心逐步转向以情智课程体系建设为中心。课程体系建设的逻辑起点是育人目标,而育人目标的上位是教育思想和办学理念。学校课程体系的建设不仅包括课程设置,还涉及课程管理、课程资源等内容。

一、课程建设背景分析

（一）学校课程历史分析

一所学校没有历史不可怕，可怕的是只有历史而没有文化。学校文化在很大程度上体现在这所学校的课程发展历史。在回溯学校课程历史过程中，学校认真、客观地分析了在不同历史阶段学校课程设置和实施的实际，不同历史阶段学校课程的特点应该是我们重点研究的对象，其中的经验值得我们借鉴。

（二）学校生源分析

学校课程体系建设的逻辑起点是育人目标。只有认真研究学生现状，我们才可能创造出符合学生成长与发展需求的课程体系。生源分析通常包括学生的教育背景、居住环境、生活方式；人生规划、爱好特长、发展倾向；认知特点、学习风格、学习习惯；人际交往、责任担当、意志品质；情绪管理、时间管理、非认知发展等。

（三）教师状况分析

好的课程是"三分设计，七分实施"，而离开教师，再好的课程也都无济于事。所以，在课程体系建设过程中，学校特别关注对教师状况的分析。我国传统的教师培养和教师培训主要注重教育教学素养和学科专业知识素养的培养。新课程背景下，教师不仅要有较强的教育素养和学科专业素养，还要有良好的人文素养和探索创新意识和能力。只有关注教师队伍整体素质的提升和发展，才可以使学校课程改革的实施得以有效落实。

（四）区域位置分析

一所学校所处的区域位置，在一定程度上决定了这所学校可开发利用的课程资源的多少。如果以学校为圆心，以1公里、2公里和3公里为半径，就可以分析出学校课程资源圈的大小。这为学校课程资源建设提供了一个可以值得借鉴的思路。同时,我们坚持学校与社区之间的互动,这也符合学生社会性培养的发展方向。

（五）社会期待分析

衡量一所学校的价值,往往取决于这所学校毕业生对社会的适应性与贡献度。社会期待包含两种:一是家长对这所学校的期待;二是社会对这所学校的期待。一所学校的品牌价值和效应,往往体现于此。

（六）中学阶段特点分析

1.中学与小学课业的差异

教材的内容由小学比较浅显到中学的深奥;教材的科目由小学的单一到中学的多元;知识的结构由小学的简单到中学的复杂（线性,螺旋上升）。从能力上看,中学关注学生知识的掌握,注重学生学科思维的建立;从方法上看,从关注学生是否学会,到关注学生是否会学。中学课内知识有限,它检验的方法是用学到的一些知识和方法所形成的能力去解决新的问题。换句话来说,中学阶段不仅是考查学生应知应会的知识,更考查他们思维的建立和能力形成。

2.学生身心变化

学生12—15岁,男孩女孩逐渐进入了青春期,从生理到心理都发生着变化。随着荷尔蒙的变化,从孩子的性格、语言、行为、心理都会发生一定的改变。原来听话的孩子,有了自己的小主意,想摆脱家长的束缚;原来比较温顺的孩子,也可能会出现叛逆的行为。

3.学生认知特点

初中阶段的青少年,从学生的认知特点来看,他们对新鲜事物充满好奇心和兴趣点。他们的表达意愿、参与意识、表现意识等都很强,他们对社会问题、生活生产也都有一些认知基础,但却缺少问题意识和探究意识,对待一些事物,更多时候光有热情,但缺乏探究的持久度,也缺少对问题研究的深度。因此他们更需要学校或教师,设计贴近生活、贴近生产、贴近认知的问题情境,让学生在"真实"的情境中,去体验、去思考、去探索,从而使他们逐步从表层的感性认知,慢慢走向深刻的理性认知。

二、课程体系建设的"一二三"

(一)坚守一个信念

《国家中长期教育改革和发展规划纲要(2010—2020年)》中提出,"为每一个学生提供适合发展的教育"。提供适合每一个学生发展的教育体现了教育本质,而达成这个目标的途径就是构建提供适合每一个学生发展的课程。这是学校课程体系建设必须坚守的一个重要信念。

课程是学校教育理念的具体体现,是学校教育思想核心因素的具体反映。所以课程建设是学校工作的关键领域,科学优化的课程体系构建和实施是学校教育内涵发展、教师专业发展和学生全面发展的具体表现。

清华大学附属小学在其学校行动纲领中指出,"课程是学校最重要的产品,是学校一切工作最终的物化体现,是一所学校师生能力与水平最有力的证物,是学校的核心竞争力"。一位校长曾感慨地说:"学校和教师善于做'隐形'的手,为学生的成长提供最强有力的支撑,系统的课程体系正是这双手'隐形'又有'力量'的根基,牵动甚至带动整个学校的整体变革。"

其他学校的课程理念和教学实践为哈尔滨市第四十九中学的课程改革和发展提供了可借鉴可参考的经验。学校认为,该信念是把课程摆在学校要素的核心地位,抓住了学校内涵发展的关键环节,确立了学校发展系统性突破的制高点。学校课程体系建设就是校长和教师参与学校教育教学改革、提升学校办学质量和教育教学品质的舞台,为进一步落实教育改革方案奠定基础。

（二）梳理两种意识

学校课程体系建设要求校长和教师们要深入思考，从教育的本质和人的发展规律两个角度梳理并形成两种意识：一是课程意识，二是课程体系意识。

课程意识主要涉及"课程是什么"这一问题。关于课程，虽有诸多界定，但仍众说纷纭。如把语文、数学等学科看作课程，把教学从计划到实施的过程看作课程，把某门学科的课堂教学看作课程等，但其实课程的范围远大于此。

广义地看，学生的学校生活就是教育的过程，凡是有助于学生学习、生活、交往乃至成长的各方面教育内容，均可纳入课程的范围，都可以成为"课程"的基本内容。这不仅包括学生的知识学习、能力培养、素养孕育和人格养成等方面的内容，还包括影响学生成长、成人、成功的所有方面。因此，学校的课程不仅仅是语文、数学、外语、物理、化学、生物、政治、历史、地理、音乐、体育、美术等不同学科的知识，更应该包括学校根据学生成长发展的特点和需要所安排组织实施的所有活动，如国旗下讲话、班会、校会、团队活动、社团活动、社会实践等。从某种意义上来讲，反映学校办学历史、学校文化、教育理念的建筑等也都在发挥着"课程"的作用，即让"每一面墙都要会说话"，让校园文化产生潜移默化的影响。正所谓"一事一物皆教育，时时处处有课程"。

课程体系意识则要求学校的校长、教师和所有的教育工作者要系统地、整体地、完整地、深层次地从教育本源上整合学校各种形式的所有课程，并科学、合理、高效地组合、匹配、协调，同时进行有针对性的实践活动。但由于学校课程内容繁多，形式多样，功能各异，因此真正高效地运作起来其实并不简单。这需要根据青少年学生的成长规律和特点，根据不同阶段特定的育人目标，选择针对性高、时效性大、可操作性强的教育内容，再采取适当的学习、活动、体验、实践方式来组织实施。因此，在课程体系中，"课程"会呈现出多种不同的属性和丰富多彩的样态。

从现行的基础教育课程管理体制来看,学校课程可分为国家课程、地方课程和校本课程三类。而这三类课程在实施过程中因视角不同,则可以有不同的分类和认识。从学习内容来看,有语言与阅读、数学与科技、品德与健康、审美与艺术等若干领域之分;从实施路径上看,有学科课程、活动课程、实践课程、社团课程和环境课程之分;从课程功能上看,有基础型课程、拓展型课程、选择性课程、综合性课程之分;从学习方式上看,有必修、必选、自修和自选之分;从外显形态上看,还有显性课程、隐性课程、隐蔽课程之分。而具体某一门课程,则会同时具备上述的多种属性和样态。如语文就兼具国家课程、学科课程、语言与阅读领域课程、基础型课程、必修课程、显性课程等多重属性;主题教育活动则是地方课程、拓展型课程、活动课程等属性的集合体;而学校的建筑特色、校园环境、育人氛围也必然会呈现出不同的"课程"表象和属性。

课程体系建构要秉持一定的理念和价值观,具体实施过程不能只关注课程内容的多寡、新旧、难易问题,而应更多地突出课程的育人功能,关注实施路径的选择和实际效果的评估。

(三)把握三个关键

学校课程体系建设应突出育人功能。国家教育方针明确提出培养德、智、体、美、劳五育并举、全面发展的社会主义建设者和接班人。新时代的教育战略要求强调要重点培养学生的社会责任感、创新精神和实践能力,这些内容都是不可或缺的。最终,它们会集中体现在学校个性化、差异化表达的育人目标之中,而育人目标也可具体阐述为核心素养和个性特质等。通俗地说,因为要培养什么样的人,所以才要开设相应的课程。

学校育人目标规定了课程的内容范围和功能性质,为课程体系搭建了基本框架。课程结构是课程体系的外显形态,是对课程的各种构成要素及其关系的总体反映。它既是对课程性质的规定,反映着课程的内在价值取向,又是对课程的深层次理解,决定着课程的具体形式,因此一定要抓住以下三个关键步骤。

第一步,厘清相关课程概念。从管理体制、课程形态、课程领域、课程功能、学习方式、表现形式等方面详细分析,界定课程概念,以免出现逻辑混乱。要把课程内容划分成若干课程领域,比如语言与阅读、数学与科技、品德与健康、艺术与审美。而课程领域划分需要有明确的逻辑依据。首先,把每一领域内容视为一个课程群落,其中包含许多具体的科目。其次,再按照课程功能划分出基础型课程、拓展型课程、选择性课程、综合性课程等层次。基于领域和功能的划分,我们就可以尝试搭建适当的"关系结构",并用不同的课程结构图表述出来。

第二步,在大课程体系下,对于不同类型、不同功能、不同内容的课程,要根据教育教学的实际需要,选择多样化的实施方式。结合课程实施的时空条件,教师可以采用长短课、连排课、大课小上、小课大上、主题整合课、兴趣选修、社团活动等多种方式。

第三步,科学选用具有多种形态和内容的课程评价方式。课程目标、课程内容与评价方式存在一致的相关性。很多课程并不是一定要进行年终考试,比如地理,教师可以让学生画社区图,不用一定要考一些死记硬背的东西。同时,在方式上应该呈现多样化,给学生释放空间,这可以促进课程以及减负目标的最终实现。

哈尔滨市第四十九中学正是在牢牢把握课程体系建设的"一二三",在一步一个脚印扎实探索、一步一层台阶地努力攀登中构建具有自己特色的课程体系。

三、努力追寻课程体系建设的意义

面临新时代的教育大潮,中学教育该如何抓住战略机遇、促进内涵发展、引领行业动向?结合学校办学特点与当前社会发展,哈尔滨市第四十九中学将改革与创新落在了课程建设上,以课程体系的改革促进创新人才的培养,进而促进学校的可持续发展。

学校课程体系建设不是做花架子,充当一种华丽的装饰。有课程专家从课程实施的角度,把课程描述为四种状态,即预设的课程、计划的课程、实施的课程和达成的课程。这充分体现出课程体系建设是一个不断深入、不断探索、不断增补、不断提升的过程。要想实现课程建设的目标,就需要学校在完整、系统、整体思考的基础上,设计、建造和实施课程。

学校课程体系建设绝不是一蹴而就或是一朝一夕的事情,也不可能只有成绩和赞扬的声音。课程体系建设需要做好一些配套工作,例如制定和完善学校课程实施方案,具体编制学校的课程纲要,细心撰写具体科目的教学计划和活动方案,匹配科学的、可操作性强的课程评价标准,逐步健全学校课程管理制度等。同时,学校还要及时梳理好做法,总结好经验,遴选特色课程,打造精品课程,完善经典课程,使其成为学校特色品牌的重要元素和代表。

要想推动学校的可持续发展,必须构建一个高效、综合的课程体系,以形成教育的合力。而学校课程体系也是落实学生发展核心素养的重要途径。学校要努力把学生培养成为具备人文底蕴、科学精神、学会学习、健康生活、责任担当和实践创新的全面发展而富有个性的人,实现育人模式由知识传授向培养学生核心素养转变。

上海中学唐俊昌校长曾说过,"一个名校、示范校,必须要深入到课程,必须要拿出自己的课程,如果没有自己的课程体系,就没有资格在国际参照下称为名校"。由此可见课程体系的重要性。一个成熟、有特色的课程体系,不但能够促进学生全面而有个性的发展,而且还能够促进教师的专业发展,并最终促进学校的特色发展、多样发展和风格形成。但是我们也深知,课程体系的构建绝非一次成型,其需要经历不断改进与不断完善的过程。而在此过程中,我们也面临着课程管理队伍的建设、课程体系的优质化与特色化、课程体系效能的最大化等诸多问题。回答这些问题的过程,既是课程建设的过程,也是我们不断推进学校发展的过程。

优化学校课程,既要重视优化学生认知形成过程,又要注意优化其情感发展过程。我们要努力使学生的学习情智交融,促进两种素养的和谐发展,使学生在想学、会学,更想学、更会学的良性循环中发展核心素养。而这正需要我们教育工作者用心、用情探索研究,从而有效促进学生情智的双发展。

········· 第二节

"情智课程" 体系的理念思考··················

情智理论已成为教育实践的重要指导思想,并被广泛运用于很多国家的教学改革之中。情智教育非常重要,学校、家庭、个人、社会都应该提升情智教育意识,从系统性、全面性角度入手,为全方位有效地开展情智教育提供有力保障。我国的情智教育任重而道远,教育界必须进行系统、科学的规划,并切实予以实施。

伴随新时期教育发展的新需要,《国家中长期教育规划发展纲要》中明确提出:深化教育体制改革,关键是更新教育观念,更新人才培养的观念,树立多样化的人才观念,鼓励学生个性的发展,不断地提高学生核心素养,从而培养出多元化、高素质的人才。"通过什么样的课程建设,才能满足不同层次、不同类型、不同潜能学生们的需要"是学校亟待思考的问题。"情智课程"体系建设该往哪里走?如何走得更科学?如何走得更富有成效?

一、科学准确地定位课程体系的育人目标

课程体系主要由特定的课程观、课程目标、课程内容、课程结构和课程活动方式组成。学校要站在"整体优化育人"的高度来设计课程体系。课程体系建设的着眼点是"培养什么样的人",因此与育人观相关联的课程观是一所学校课程体系建设中的灵魂取向,也是这所学校长远发展的教育理念和办学理念。国家实施的新时代教育战略要求也强调,要重点培养学生的社会责任感、创新精神和实践能力。在学校课程目标进行顶层设计时,学校的个性特质、差异特点等多元角度都要能够与提高学生们的核心素养相辅相成。在研发、选择和开设相关课程时,我们要追问自己:一门课程的设置,到底要发展学生什么? 我们必须要考虑"传授什么样的知识、掌握哪些技能、培养什么人格、提升哪些素养"等问题。通过学校课程,学生有了一个自己喜欢的领域,进而形成兴趣、爱好,然后主动去研究它,最终形成积极参与、学会思考、自主研究的习惯。有价值的课程有助于实现"情智共生"的育人目标和课程目标的巧妙对应和高度转化。

二、因地制宜,合理地建构课程体系框架

学校课程体系建设的大体操作框架为:课程远景,课程规划,课程研发,课程实施,课程评价等。在建构学校课程体系时,应做到因校而异,形成师生家校共同的办学愿景,有了共同的办学使命和价值追求,才能形成共同的合力,课程的生命力才会久远。在这其中,学校课程建设的背景分析尤为重要,我们要依据学校办学历史积淀的文化,对学校生源的分析,教师的专业素养现状等因素,综合思考和规划学校的办学思想、课程体系的范围。一所文化底蕴厚重的学校,在课程开发时,可以重点开发和利用学校的历史传统、学校的人才资源、学校的人文精神和科学精神等方面的教育资源,通过熏陶、浸润、实践、内化和价值引导形成师生认同、乐于共有的人文素质,以促进师生的共同成长,从而形成这所学校的文化内涵的深厚底蕴。在课程设置时,我们要重点突出师生人文素质培养,从积累人文知识、陶冶人文精神到养成人文品行,注重学生的全面发展和教师的专业发展的相互促进。

三、搭建科学合理、充满活力的课程结构

课程结构是课程体系的外显形态,是对课程的各种构成要素及其内在联系的总体反映。这既是对课程性质的规定,反映着课程内在的价值取向,又是对课程的深层次理解,决定着课程的具体表达形式。

首先,我们应该做好对课程概念的界定,对课程形态、课程领域、课程功能、学习方式、表现形式等方面做深入、精确地科学分析。其次,要把课程内容划分成若干课程领域,并打破学科界限,用整合的思想重新确定课程的研究内容。在课程实施时,可以通过必修和选修等不同形式开展学习,做到整体推进和个性选择相结合。课程类型呈现的多样化和个性化,可以更加凸显教师在课程改革与研究中的关键作用。同时,课程的多元化评价方式的确定,也是对课程实施的有力保障。在教师多种形式的引领、指导和启迪下,遵循课内检测与课外拓展相结合、动手实践与思维建构相结合、过程性与总结性相结合的原则,教师的"教"和学生的"学"在方式上多样化,能够给学生轻松、愉快、丰富、生动活泼地学习和健康成长、主动发展提供非常好的平台,也可以更加真实有效地检验课程结构设置的有效性和价值性,有利于促进学生潜能与个性的发展。

一所学校的课程体系建设,要实现国家课程、地方课程、校本课程三者适当整合重组,依据学校育人理念、学生需要、校内外教育资源,进行校本课程、隐性课程的科学规划和建设,进而构建学生发展所需要的、具有学校特色的学校课程体系。通过学校课程的建设,可以促进学校核心价值观的挖掘与形成、学生学习方式的转变和整体素养的提升、教师教学观念与教学行为的转变。因此,我们把"课程"作为实施素质教育的有效载体,为学生和教师创建了金字塔结构的情智课程体系,为每一个学生和教师的生命成长奠基。

情智让学生主动发展,情智让学校生机勃勃,情智让教育拥有温度。学校

将继续以情智课程体系建设为抓手,致力于学校文化的建构,着力于增添学生精神底色的丰厚,让情智理念向各学科辐射,最终形成情智文化,并使其成为全校师生及家长的生命自觉。

·········第三节

"情智课程" 金字塔型结构的搭建········

　　课程是实现教育目的的重要途径,是组织教育教学最主要的依据,是集中体现和反映教育思想和教育观念的载体。学校基于"情智教育"理念形成了情智共生式学校"五致"课程理论。搭建了金字塔型结构,本节将详述其整体课程模式,自下而上地培养学生的情智素养。

一、课程逻辑

　　学校将"情智教育"作为教育哲学,让课程建设具有科学的理论统领;以"情智共生,释放每一名师生潜能,为持续发展奠基"的办学理念为指引,将"五致发展 蓄力未来"作为课程理念,关注学生未来发展;以"五致课程"作为课程模式,从致美的身心、致上的追求、致善的品格、致深的学养、致新的思行五个方面形成课程结构,聚焦学生素养,赋能学生未来;课程实施过程中,紧切课程目标的三个着眼点、育人目标的十项特质,对不同层级的课程进行科学有效的实施,切实提升学生的情智素养,提升学生的可持续发展能力。

表2-1 教育哲学——情智教育

核心词	内涵解析
情	是指学生具有高远的情怀、乐观的情绪、生活的情趣、高尚的情操、综合的情商的特质
智	是指学生在学习或未来的生活中,具有智慧的思考、智慧的行为、智慧的策略、聪明才智
情智教育	情智教育就是指教师动用积极的情感和灵动的智慧作用于学生,让学生的情感和智慧和谐共生 "情智"中融合了人应具备的心理品质和行为品质,心理和行为互相激发潜能,激活生成高品质的修养与能力;情智导向下的学校课程,促进学生个性发展;引领教师从学科知识育人走向课程文化育人,促进学校文化内涵品质的提升

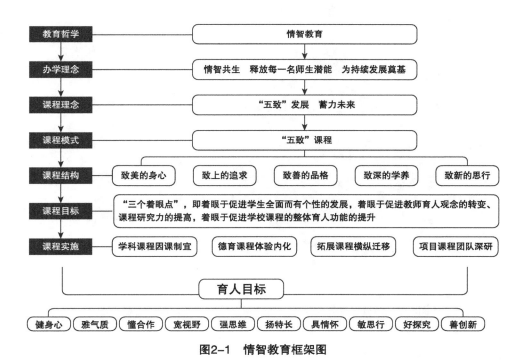

图2-1 情智教育框架图

课程体系是学校育人的核心载体,它决定着学校的教育形态,并影响学生一生的发展。情智教育课程体系关注青少年学生的生命价值,尊重青少年学生的生命本性,促进青少年学生的生命发展,启迪其内在潜质,激发其内力觉醒,为青少年学生向未来出发指向、搭桥、铺路、助力、加油。学校以"为学生完整生命奠基"为核心思想,以"身心健康、情智共生、德才美和谐、知与行统一、个性与社会共融"为学生发展目标,紧紧围绕"情感、智能、素养"三个维度来构建并呈现"乐趣、兴趣、志趣;情绪、情感、情怀;发现、发掘、发展"的金字塔型课程结构。

二、课程结构

整体课程分为四大部分,如下为金字塔型课程结构图:

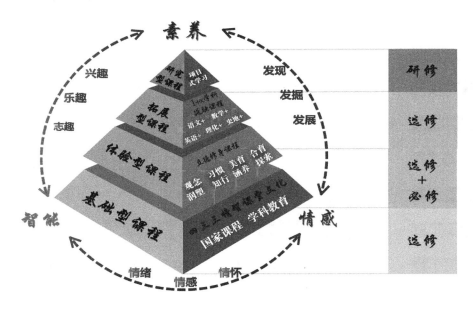

图2-2 情智目标导向下的"金字塔"型立体式课程结构模型图

(一)基础型课程

基础型课程是"情智课程""金字塔"结构的底座部分。其重点是全面落实国家课程计划,真实体现国家课程的教育教学思想,是学生的必修课程。基础型课程将以国家课程为核心的课堂教学作为情智发展的主阵地。学校通过"四三三"情智课堂文化,让师生共享生命成长的快乐,促进学生核心素养的养成。"四三三"情智文化是指教师在"五种课型""七种课例"的实施中,把国家课程教材中的内容与学生的生活经历、学习过程和社会实践中的事物对接,巧用"四情"——"创设情境、调动情绪、激发情感、树立情怀",引导"三思"——"思维活跃、思考深入、思想建构",形成"有问题意识、有价值的交流、有批判性的思维"的"学习的三重境界"。学生通过"四三三"情智课堂文化的熏陶,可以养成终身获益的科学良好的学习能力和习惯。

通过国家课程校本化实施,引导教师的教学观念、教学行为从单纯地关注"学科专业教学"转向提升为"学科全向教育"。这要求各学科的教师团队要根据学科的知识特点和学生的认知规律,对接"高中阶段各学科核心素养的标准",研究形成《哈尔滨市第四十九中学各学科的核心素养标准》。通过课题研究和课堂实践,有目的、有计划、有深度地全方位地引导学生从过去单一的学科知识的学习、学习方法的零散堆砌,逐渐走向情感、思维、能力的整体协调生长。

(二)体验型课程

体验型课程是"情智课程""金字塔"结构的第二层。它是以立德修身为核心的德育课程,形式是"选修+必修"。学校将过去碎片式、随意性的教育活动转变为具有顶层设计、相对完整的课程体系,具有科学性、合理性和可操作性。该课程围绕"生命、生活、生长"等相关教育资源进行要素整合、内部挖潜、外部拓展,按照学校课程建设的大课程观、课程目标、课程结构、课程内容,构建了"五致"情智课程,作为"四九文化"的精神密码。

课程内容及形式注重从传统理论式的单向的"教"转化为多种生活、学习场景式的"育"。学生在"五致"情智课程的浸润下,内塑中华优秀品格精神,外提核心素养和形象,并将其内化为植根于学生内心的修养。红色基因课程、情绪管理课程、励心启智课程、影视赏析课程、美育涵养课程等,现在已经成为深受全校师生和广大家长期待、欢迎的学校"名片"课程。

（三）拓展型课程

拓展型课程位于"情智课程""金字塔"结构的第三层。拓展型课程将国家课程进行个性化补充和延伸,形成了学科的校本课程,即"1+X"课型。它包括两种课型:一种是,"1"指的是一个主体学科,"X"可以是学科内纵向延展课程内容;另一种是,"1"指的是一个主体学科,"X"可以是学科间横向跨界融合课程内容。这两种课程都有主题、有目标、有方法、有拓展,是供学生选修的课程。"1+X"学科拓展课程,是由国家学科课程延伸的学科专业课程内容,在学科整体构建思想的统筹下,具有专题性、系列性、连续性或递进性的特点。"1+X"学科拓展课程是跨界融合课程,是打破学科壁垒,加强学科间的融合,如语文与历史、地理,地理与生物、政治,物理、化学与生活等。通过教学内容之间的关联,引领学生建起各学科事物间的广泛联系,课程的丰富性、灵活性和生成性培养了学生的人文底蕴、科学素养、审美情趣等,而不同的课程也从各自为战逐渐走向了学科间的密切融合。

（四）研究型课程

研究型课程位于"情智课程""金字塔"结构的顶层。它主要是在教师指导下学生"项目式"学习为主要形式的"分层+分类"的研修课程,是"金字塔"课程的顶层课程。这是对青少年学生综合能力和潜质素养的深层次的启迪和培养,可以提升青少年学生融会贯通、灵活运用、探索创新的意识和能力,是培养学生开放性高级思维能力的载体课程。

中学生在研究型课程中所做的课题研究是一种准研究活动,是通过研究过程的体验完成学习的一种学习方式,而并非专业研究者所进行的研究活动。新课改设置研究型课程的基本目的就是提供学生一个专门的学习平台,促进学生改变传统的学习方式,优化自身的学习方式。

结合学校实践经验,"金字塔"型情智课程的研究型课程体系为改变学生的学习方式,培养学生的研究素养、创新精神与实践能力,促进学生的全面发展和个性发展提供了重要课程支撑。

发扬师生共同参与学校课程建设的思想,认真总结成功经验,把师生共同参与校本教材建设作为一项长期的任务,以巩固特色,奠定持续开发的基础,形成课程持续发展的态势,不断丰富和优化课程结构,以优秀的课程满足不同类型学生的个性发展需求。学校努力做到:基础型课程夯实人文、科学相和谐的成长性基础;体验型课程引领学生在"情境"中浸润参悟,形成规范行为,建立正确价值观念;拓展型课程着眼于在教师引导下,学生自主发展最佳方向的选择和有个性倾向性特长的培养;研究型课程着眼于激发学生的好奇心、激励学生自主学习、探究,主动发展、成才。

"情智课程"的金字塔型结构具有层次分明、可操作性强的特点,在教学实践中能够达到"润物无声"的教学效果。学校的理论研究及实践经验还处于积极的探索与总结阶段,但仍有一定的普适性和代表性,以期为将来的研究提供经验。

第三章
"情智课程" 的开发与实施

　　学校课程在开发时，充分利用校内外的课程资源，组织全体教师整合社会力量共同开发、构建、选择，优化资源以适于学生特点，开设能够满足学生多样化的旨趣和需求的课程。课程开发的目的是在学校整体育人目标的指引下，满足学生个性发展的需要，遵循学生兴趣发展之序，即"有趣—乐趣—志趣"，促进学生内在生长力的觉醒，使学生产生对某个领域的关注、学习和研究的欲望。课程开发的整个过程既有学科间的有机整合，又有纵深化的思维延伸。课程实施遵循学生认知规律，按照一体化、分学段、有序推进的原则，通过必修、选修、研修等课程形式，采取"无边界学习＋文化浸润＋实践体验"等方式，使师生智能的深度、情感的广度、精神的厚度得到持续性的发展。

········· 第一节

基础型课程——打好专业底色 ················

　　基础型课程的教学要突出核心内容,强调基础,强化知识结构,注意用先进的科学知识充实教学内容,但又要在学生的可接受性上下功夫。学校要加强对基础型课程的应用与整合,切实渗透学科素养于课程,帮助学生打好专业底色。

　　基础型课程的建设目标意在构建"四三三"情智课堂文化,让师生共享成长的快乐。"四三三"情智课堂文化中的"四"为"四情",是指教师在"七种课例""五种课型"的实施过程中,"创设情境、调动情绪、激发情感、树立情怀";两个"三"分别为"三思"和"学习的三重境界",指学生在"思维活跃、思考深入、思想构建"的课堂文化氛围中,形成"有问题意识、有价值的交流、有批判性思维"的学习思想。

　　基础型课程以国家课程内容为基础,学校要根据师情与学情,组织教师围绕"五种课型""七种课例"的形式,进行校本化的具体落实。按照学校课堂情智文化的要求,各教研组结合学生学科素养,通过课题拉动、问题牵动、思维互动的研修策略,构建有生命力的课堂。

　　基础型课程的校本化实施能充分发挥学校优势,践行国家课程,彰显学校的办学特色。该课程能够促进学生基本素质的形成和发展,体现了国家对公民素质的最基本要求。

与研究性学习主要着眼于学生的学习方式不同,基础型课程则特别体现出对学生学习内容的关注。由于基础型课程的价值在于为学生素质的发展奠定基础,正确把握基础型课程的核心概念"基础"之本意,并切实保持基础型课程的"基础性"就显得尤为重要。

"基础"的原义是指建筑物的地下部分,引申为事物发展的根本或起点,既然作为建筑物的地下部分,"基础"的动摇则意味着建筑物的倒塌,宽厚性、坚固性和粗糙性是"基础性"的本然特征。然而,当对基础教育课程改革中"基础型课程"意义加以把握时,则必须纳入"时间"之维的思考,即基础型课程中的"基础"是不断变化和发展的。社会的变化和进步使"基础"的含义发生变化,"基础型课程"也就不可避免地具有变化性。

事实上,根据每一个特定社会情境进行"基础"的变化和改造,将使"基础型课程"充满不断生长和发展的活力,这在新课程改革中已经得到了充分的体现。一方面,新课程的目标设置中加入了"情感、态度、价值观",强调学生参与知识的建构过程,已经显示学生学习不再是简单地对教材中既定知识结论的接受和记忆;另一方面,基础型课程重在打基础,但是这种基础还必须面向创新,离开创新打基础,这样的基础再好也只是基础,因为它缺少"创新"的种子,很难长出符合时代要求的参天大树。为此,面对生动的、变化的基础知识,学生可以反思、批评、运用,以促进他们自己重新理解知识,而教师则必须创造性地进行教学,学生也要改变原有单一的学习方式。这意味着,在完成"基础型课程"的教学任务和提高学生的学习能力两个方面,课堂教学都应当发挥它应有的作用,两者不可偏颇。

如物理学科根据"从生活走向物理"的理念,确定了以"学生在玩中学习,在快乐中体验,让自主学习真正呈现、体现、实现"的学科小课题。新课程立足改变教师的教学方式和学生的学习方式,在物理课堂教学过程中让学生在玩中学、学中玩,在轻松的气氛中玩出智慧、玩出道理,在玩中有所发现。学生从不同层次上多角度、多方位的活动的过程中体会到抽象的物理概念及科学规律。这样的方式可以激发学生的参与热情,使学生自觉地感受到知识的发生过程,同时也使学生认识到物理就在我们身边,这体现了"从生活走进物理,从物理走向科学"的教学理念。

在教科版义务教育课程物理八年级下册第七章第一节"力"的教学设计中,教师以"盒中取宝"的游戏引导学生自己体会"什么是力",归纳出力的概念。然后,通过学生间的团队合作引发学生的学习兴趣,使其快速热身,走进学习场。接下来,在"力的作用和作用效果"中,倡导学生自主体验探究。学生根据教师提供的各种器材分组实验,探究力的现象。学生在玩中及时进行记录,在玩中学会观察、学会分析、学会归纳、学会与他人合作。最后,由教师引导各组学生交流、总结自己的"发现"。学生将本组的发现通过归纳,生成新的知识,培养学生发现问题、分析问题、解决问题的能力。

在这样的课堂中,学生走到了课堂"中央",教师只是学生学习的合作伙伴。创设情境、调动情绪、激发情感,学生的思维活跃、思考深入,在实践中不断地发现问题,进行有价值地交流。学生在各种游戏的体验中,兴趣、情绪、思维、智慧等都发生着改变,相互促进并转化,学生的学习真正发生,课堂成为一种有生命力的课堂,快乐的由此"发声"和生成。

系统性的基础型课程教学改革是一项长期而又艰巨的任务,面对多门不断发展、不断完善、理论性和实践性都极强的学科,教师需要不断地去探索、研究、补充、完善。哈尔滨市第四十九中学抓住机遇,深化改革,努力推进基础型课程的改革与建设,以便更好地完成新时期的历史使命。

.... 第二节

体验型课程——扮靓人生角色........

　　新时代的德育,具有新时代的特征。我们要把认知性教育、体验性教育、隐性教育融入育人的体系,把过去传统的说教式的德育,转变为学生主体参与、亲身体验、情境化的浸润教育,构建大生态德育,从生活情境中启德,从问题情境中立德,从社会情境中扬德,使学生从内心认同到外在修为都有积极的正向的发展。

　　德育是学校教育的灵魂,学校始终坚持德育为首,以学生品格提升工程的实践研究为抓手,以中学生家国情怀的涵育为重点,坚持全员、全程、全方位育人,开发了"五致"情智校本课程,形成立体化的生态德育工作格局,全面落实立德树人根本任务。

　　我们的课程不仅仅是文本课程,更是体验型课程。它不再是知识的载体,而是学生与教师共同探讨新知识的过程。学生要从以前单纯的说教式过渡到自己体验、探索、发现、总结结论。因此,教师在立德修身德育课程的主导性中应该发挥正确的引导作用,培养学生勇于探索、敢于发现的精神及化未知为已知的思维力。这才是对体验性学习、体验型课程有意义的理解。

　　那什么才是体验型课程?其主要的学习内容和学习形式是什么?体验型

课程最终要实现什么目标,培养学生什么品质呢? 这些都是教师们理解这一概念时应该思考的问题。古希腊学者普罗塔戈说过:"学生的头脑不是要被填充的容器,而是一束需要点燃的火把。"教师如何开发能够引发学生思维火花的课程,对于整个组织的发展起着举足轻重的作用。

体验型课程位于"金字塔"的第二层,主要是立德修身的德育课程。一所好学校应该赋予学生能够厚植到灵魂深处的文化力量,使之成为具有生命厚度和质感的人,使之成为学校文化密码永恒的解读者。爱因斯坦说,"所谓教育,就是一个人把在学校的所学全部忘光后留下的东西,要用留下的内容去思考、去战胜、去追求"。其实这些"留下"的就是一所学校的文化密码,而每位学生都是印证文化密码的解读者。因此,哈尔滨市第四十九中学的德育工作一直在思考:如何能让教育从言育、行育走向心育,从人治、法治走向自治。党的十八大提出,要将立德树人作为教育的根本任务,这为学校德育工作指明了方向。为实现这一根本任务,学校将过去碎片式的德育活动转变为具有顶层设计、科学完善的课程体系。

科学完善的校本课程体系的构建应既具有国家、国际的视域高度,又要立足于学校办学的核心理念特质。体验式德育是一种浸润式的德育过程,它注重情感态度、价值观形成的过程与方法,注重知识与能力的相互渗透融合,能使体验者形成健康向上的心态。其实践形态可通过全息体验、对话反思、智慧融通等方式,开展丰富多彩的课堂形态和体验活动,使学生渐次领悟,让他们的精神生活与人格境界俱进,从而使德育以亲近感和充满吸引力的崭新状态出现在教育实践体系之中。

学校从学生的实际生活和模拟情境场出发,通过创设可以激活或诱发中学生道德体验的情境或者一系列体验活动,引导体验者进入道德体验场,创设或者诱发道德冲突,促成其产生反思性表达,从而引导体验者认识生活、生成价值、构建意义,实现由道德教授方式向道德体验方式的转型,达到育人方式情境化、人格塑造润物化的效果,逐步构建并完善以"家国情怀"为重点的体验式实践模式,实现学生人生价值与国家、民族、未来价值的融合发展,彰显德育文化的原生态人文吸引力和感染力。

哈尔滨市第四十九中学将习近平总书记提出的对培养下一代要做好的六个方面(坚定理想信念、厚植爱国主义情怀、加强品德修养、增长知识见识、培养奋斗精神、增强综合素质)作为总领,围绕"释放师生潜能,为学生的可持续发展奠基"这一办学理念,依据"情智共生、奋翮永翔"的学校精神,对教育资源进行要素整合、内部挖潜、外部拓展。按照学校课程建设的大课程观、课程目标、课程结构、课程内容,构建了"五致"情智校本课程,作为"四九文化"的精神密码。

"五致课程"从致美的身心、致上的追求、致善的品格、致深的学养、致新的思行五个方面形成课程内容,聚焦学生素养,赋能学生未来。"致美的身心",指向学生核心素养中的"健康生活";"致上的追求",指向核心素养中"人文底蕴""科学精神";"致善的品格",指向核心素养中的"责任担当";"致深的学养",指向核心素养中的"学会学习""创新实践"。这样的构建使得学生发展目标更全面、更清晰,也更易将文化密码根植心灵。维度之间相互作用和转化,可以让学生们内塑中华优秀品格精神,外提核心素养和形象,使其成为"四九文化"密码永恒的解读者。

德育校本课程能够释放育人潜能,这既在于课程框架的多元性、科学性,也在于课程内容的内涵性,以及课程实施的有效性。情智德育校本课程内容上具有"五融"的特点(融新于持、融情于境、融思于学、融术于道,融汇于通),即在传承的基础上融合富有时代气息的教育元素,在富有情境的课程体验中,促思考、寻规律;在课程的实施上具有"四兼"的特点(教师资源校本与外请兼顾、选修与全员兼顾、特长与爱好兼顾、评价与展示兼顾），让课程成为每一名学生向往的文化园地。在这里，"四九文化"密码将根植于心灵，积蓄内外兼修的力量，编译出美好的前程锦绣，进而成为四十九中学的一张名片。

体验型德育课程重在培养学生的综合素质，强调回归生活，主动参与，在体验中感悟，在感悟中内化。体验型德育课程是一个外化于行、内化于心的过程，是学生道德品质形成发展的助推器。体验型德育课程只有真正扎根于学生内心，根植于学生生活，才能让道德走进学生的心灵，拨动学生的心弦，才能让学生在道德实践中启迪智慧，在道德体验中幸福成长。

·········第三节

拓展型课程——追寻教育本色········

在核心素养理念下,学校学科教育不仅需要传授学科知识和技能,更要加强对学生实践创新等各种素养的培养,促使学生能够在情感态度和价值观方面取得正确发展。建设学科校本拓展型课程,则有助于核心素养培养目标的实现。

2014年,教育部发布《中国学生发展核心素养》,这是一项重要的落实举措,是"强国办强教育",适应了世界教育改革发展趋势,也是提升我国教育国际竞争力的迫切需要。"中国学生发展核心素养"的提出标志着我国基础教育"从知识本位走向核心素养"时代。学校挖掘并整合潜藏着的优质课程资源,进行拓展型课程的开发与实践研究,更好地促进学生核心素养的养成。

教育部在2001年颁布了《基础教育课程改革纲要》,其为切合时代发展和教育改革的需要,对基础教育课程的体系进行改革,旨在培养新时代的国际化人才。拓展型课程体现的是自主与开放、探索与实践、创新与建构。这一理念与后现代主义课程的观念有机融合,都是对课程综合性的重视。近几年,国家发布的政策也在强调拓展型课程的重要性。拓展型课程能够培养学生适应终身发展和社会发展需要的必备品格和关键能力。它突出强调个人修养、社会关爱、家国情怀,更加注重自主发展、合作参与、创新实践的学生核心素养的现实需要,符合国家对建设学习型社会的政策要求。中学生所处的阶段,不仅要学习文化知识,还要掌握各种所需技能,更重要的是要能了解和分析国际问题,如我国外交政策、经济社会发展问题。拓展型课程倡导学生主动参与、乐于探索、勤于动手、大胆创新,培养学生在信息技术时代收集信息、处理信息以及不断建构的能力。由此,中学的拓展型课程是值得探究的。

拓展型课程位于"情智课程""金字塔"的第三层,是将国家课程进行个性化补充和延伸,进而形成学科的校本课程,即"1+X"课型。

师生潜能的广度应该体现在兴趣的广泛、知识的广博、应用前景的广阔上。国家和地方课程为学生发展提供稳固的知识基础,丰富的校本课程能够丰富学生的体验,共生出更具广度的潜能。哈尔滨市第四十九中学拓展型课程的特点是:益喜爱、益实践、益探索,体现在拓展知识乐趣、拓展价值志向、拓展生活情趣、拓展师资智慧四个方面。学校总计开设了二十余门拓展型课程,如趣味数学、名著赏析、外国节日、阳光向日葵心理课、历史文化、合唱、羽毛球课、形体课、乒乓球、机器人、地理万化筒、生物放大镜、航模、剪纸、泥塑等。

此外,学校还充分利用数字化校园的丰富资源和功能优势,在进一步提高教师信息技术应用能力的同时,以课题引领、组织全体教师参加有关项目的信息技术与学科课程整合的研究与实践,以更好地反映课程文化,更好地发挥其育人的功能。

课程学习形式为根据个人爱好选修,学生每学期可以进行一次课程选择。相较于基础型课程来说,拓展型的校本课程更加生活化、个性化,具有一定的趣味性,是来自生活的课程。它让学生对课程充满向往,这既能拓宽学生的情智潜能的广度,又有助于激发学生对拓展学习视野的兴趣。

课程文化特色是提高课堂教学质量的有力保障。学校借鉴创造教育、环境教育、生命健康教育特色课程文化建设的经验,开展各课程文化特色建设,注重学生好奇心、求知欲、科学精神、探究能力的培养,注重自信心、进取心和顽强意志的培养,使学生感到学习有趣、有益、有效,进而把学习作为自身发展的必需和自觉行为。

拓展型课程旨在以学生为本,尊重学生的个性差异,推动学生全面发展,最大化张扬学生的主体精神,促使学生对教育更加具有参与性和选择性,展现教育的自主、自由和自觉等属性,让学生的资质和才情充分提升,全面贯彻以人为本的理念,实现提升学生综合素质的目标,培养学生的健康个性和创新精神。

………第四节
研究型课程——彩绘生命亮色………

　　21世纪人才的核心竞争力是创新能力,培养创新型人才是国家一项战略任务,而培养创新型人才的教学模式则是"研究型教学"。研究型课程是开展研究型教学的平台。研究型教学以学生为中心、以教师为主导,将单纯讲授、验证型教学转变为讲授、课堂讨论、实践训练、课题研究的教学。研究型教学可以激发学生的求知欲望、创新欲望和探索精神。

　　研究型课程不再只是由专家预先规划设定的特定知识体系的载体,而是一个师生共同探索新知的生成、发展的过程,同时也是一个师生共同完成课程内容的选择、组织与发展的动态生成过程。研究型课程的开设正是为学生构建一种开放的学习环境,提供一个多渠道获取知识,并将学到的知识加以综合和应用于实践的机会。研究型课程引导学生关注自然、关注社会、走向社会,形成积极的人生态度。研究型课程的实施,可以突破教师以往单科课程的限制,提升现代教师的课程意识,拓宽对课程的理解,提高课程的开发与实践能力。

　　"情智课程""金字塔"的顶部是研究型课程,属于师生研修拓展的部分,它不要求每位学生都参加,而是为学有余力的学生设置的,这一课程主要针对非常喜欢实践、研究的部分学生。研究型课程是提升学生综合能力和素养、融会

情感・智能・素养

基于情智共生的课程建设与教学实践研究

贯通地运用和创新、创造展现的课程,是培养学生开放性高级思维能力的载体课程。哈尔滨市第四十九中学的研究型课程采取项目式的课程建设方式,以项目来招募学生和教师,组成研究团队。这是一门在教师的指导下,学生以问题为起点,以研究为中心,面对整个生活世界,充分发挥学生自主能力,强调团队合作,重视实践体验的课程。它可以培养学生创新精神和实践能力,如已毕业的2019届学生把深爱的母校校园制成建筑模型,从取景、设计、编排、采购到搭建,历时半个月、多次更改完善,用7000多个乐高基本件表达对母校四年、7000多个小时校园生活的深情热爱,作品是思维、能力与情怀的最好呈现。

一、项目主题选取均来自学生生活实际,具有综合性

从"情智共生"的办学理念出发,研究型课程的项目主题选取均来自学生生活实际,具有综合性。这能够使学生在学习中感受到生活的情趣,在生活中收获学科的智慧。项目式学习的内容不是书本上的某类知识,它需要教师团队有发现的眼睛和创新想法。在选择主题时,要考虑学生的年龄特点、知识的多元融合和研究能力,但更重要的是选取学生在实际生活中可以接触到,但没有系统思考和研究的问题。如"中央大街为什么会成为哈尔滨永恒的地标",中央大街作为哈尔滨人耳熟能详的地方,我们行走其上,熟悉而又陌生,熟悉的是它的外在的繁华表象,陌生的是师生从未真正走入它,研究它的时代变迁。

二、项目的研究指向学生的综合思维能力,具有生成性

项目式学习的研究过程是一个动态生成的过程。学生需要通过综合实践调查、走访、数据收集、问题归类等方式生成新问题,再运用所学各种学科知识,或者类比学科的研究方法,运用多元思维的综合能力,去不断探索和发现。教师更多的是学生的研究伙伴和项目导师,对学生进行的研究方向的调整和指导,组织学生分成研究小组,共同研究确定小课题。

如在"中央大街为什么会成为哈尔滨永恒的地标"这个项目中,教师没有事先的任务主题,而是引导学生研讨"城市坐标"的内涵。学生在争论和研讨中慢慢有了研究方向,初步确定从经济、文化、历史、建筑、街道等维度去研究。随后,教师建议学生不要进行版块式的研究,学生们再进行讨论,最终确定从百年老街的历史变迁来深入研究,用整合的思维方式去思考。之后,教师提出问题:"研究什么? 怎么研究?"各个小组再集思广益,提交给教师各不相同的方案,教师再从中引导学生要透过现象研究本质。各小组再次生成新的问题,如中央大街为什么在此选址(地理位置、政治意义),中央大街百年石街的铺设方法(地理中的花岗岩、物理的力),中央大街建筑群为什么是这样的风格(历史、建筑知识),中央大街不同时期的经济价值(历史发展、地理人文经济)等。最后,学生尝试运用学科整合的思想,以实地考察、去相关单位走访、去图书馆查阅资料等方法进行研究探索。

三、项目的研究要注意整体建构,具有关联性

项目式学习是一种系统化的教学方法,基于一个具有挑战性"问题"或复杂性"难题",需要师生跳出学科本位的思想,注意到"问题"间的内在关联与影响。在教师的推动启迪下,学生通过不断地探索,使自己的人文底蕴、信息技术、学科素养、艺术涵养、智能方法等方面协调发展。

研究型课程的开发与实施,能够帮助学生高效更新知识系统,深度拓展认知边界,推动价值观念、思维结构和解决问题的能力升华,成为面向未来人生可迁移的内在品质。这一方面可以以丰富多样的研究与实践经历,有力地促进学生个性发展与全面发展,为他们的梦想实现和创新愿望提供了源源不断的动力。另一方面也可以促进学生和教师研究能力与创新素养的整体提升,促进学

校研究氛围和研究文化的形成,助推学校研究型课程建设。

在实践工作中,学校还结合核心素养培养目标理清课程建设思路,通过连续、动态课程开发实现课程的有效建设,进一步推动中学基础教育阶段研究型课程的发展。

第四章

基础型课程的校本化落实

  基础型课程是"情智课程""金字塔"型课程体系的深厚基础,要为其他三层课程铺好地基,打好基础。它是培养学生未来发展和适应未来社会所需的基础,是每个学生都要学习的课程。哈尔滨市第四十九中学的基础型课程建设重在为师生的生命成长打好学科专业底色和学科专业学习能力,通过"四三三"情智课堂文化,让师生共享生命成长的快乐,促进学生核心素养的养成。为了实现基础型课程建设目标,打造精准专业的学科团队,学校以构建大课程体系的改革思路,尝试由过去学科碎片式的零打碎敲逐步转向完整系统化的顶层设计的管理体系,"一轴带两翼",推动学校基础型课程的发展。

……第一节
基础型课程的构建依据与改革思路……

只有保障基础课质量,才能提高人才培养的质量。基础课程是学生学习掌握现代科学技术知识的必备基础与工具,而基础教育课程改革指向的素质教育愿景——从"知识本位"转向"素养本位",越来越显示出不可估量的价值与意义。学校为抓好基础型课程质量建设,采取了一系列改革举措,特整合其中具体思路和依据以供参考。

新一轮基础教育课程改革具有承前启后的划时代意义,它立足于实现基础教育课程由学科本位、知识本位向关注每一位学生综合发展的方向转变。伴随新一轮课程改革进入深水区,国家和社会对教师的专业情怀、学科素养、研究能力等专业水平都提出了更高的要求。

为了打造一个业务精湛、内涵丰富、善于思考的学科团队,哈尔滨市第四十九中学以构建大课程体系的改革思路,尝试由过去学科碎片式的零打碎敲逐步转向完整系统化的顶层设计的管理体系。在"一轴带两翼"中,"一轴"是坚持纵向的、具有特色的学科教学改革研修,"两翼"是指以开展探索性的科研课题研究和规范性的校本教研为动力,以提升学校的课堂教学效益,提高学校的教学管理品质,推动学校教育内涵的深入发展。

一、基础教育课程改革要求

基础型课程建设从新一轮基础教育课程改革要求出发，依据新课改的基本理念确定构建思路。

（一）为了学生终身健康发展

为了学生的终身发展是本次课程改革的根本理念。基础教育是奠基工程，因为这关系到未来中华民族的整体素质，课程改革要面向全体学生，充分考虑到地区特性，增强课程对本校适应性，使全体学生都能得到充分的发展。为了学生的全面发展，未来社会更需要高素质的、更具有广泛适应性的、全面发展的人才。为了学生的个体发展，新课程追求学生的个性发展，承认学生是发展的、有潜力的、有差异的人，是活泼的、具有独立个性的人，教育要尊重学生的独特性和自立性。

（二）为了稳步推进实现教育现代化

《中国教育现代化2035》成为我国基础教育现代化国家行动指南，中国教育进入了新时代。我们国家发展成就巨大，面貌焕然一新。特别是改革开放四十多年以来，中华民族正以崭新姿态屹立于世界的东方。随着综合国力持续增强，中国的国际地位不断提高，特别是"一带一路"经济发展模式示范效应逐步显现，中国的国际影响不断扩大，逐步成为影响世界的重要力量。到2020年，中国全面实现了"十三五"发展目标，教育总体实力和国际影响力显著增强，劳动年龄人口平均受教育年限明显增加，教育现代化取得重要进展，这为全面建成小康社会做出了重要贡献。在此基础上，再经过15年努力，到2035年，我国教育总体实现现代化，总体发展水平达到发达国家平均水平，从教育大国转变成为教育强国。这是一个从教育大国到教育强国的新时代，一个教育服务于高质量经济发展的新时代，一个中国人民享受世界水平现代化教育的新时代，一个中国教育走向世界舞台中央的新时代。

新时代中国教育发展的总战略是优先发展，总方向是教育现代化，总目标是建设世界教育强国，总任务是立德树人，总追求是办人民满意的教育。到2035年，我国教育总体实现现代化，总体发展水平达到发达国家平均水平，从教育大国转变成为教育强国。

如何培养适应新时代、适应社会发展的综合人才？作为基础教育阶段，在课堂教学中，教师的教学方式、信息时代学生的学习方式、教育的评价方式等都需要不断地变革。学校通过教、科、研三位一体，带领所有学科，建立省级规划课题十五项。通过课题的研究，解决学科教学问题，力求改变教师教学方式中的认知方式。教学方式中的认知方式大致可以概括为两类：一类是指向学生以间接经验获得为主的接受式认知方式；一类是指向学生以直接经验获得为主的体验式认知方式。教学中有一种是以知识理解为特征的教学，重点体现在把握教学的基本内涵，教师引领学生把握知识之间的关联，形成知识结构，理解知识与生活之间的关联；另一种是以问题解决为特征的教学。教师将学习环境和资源、体验转化成可以研究的问题或者需要完成的任务，设计问题解决方案，通过学生自主探究形成对问题的解释，并通过交流讨论不断完善解释，形成学科思维链条。在基础课程校本化落实中，要引导教师建立两类价值取向教学与教学方式的关联，并持续提炼和积累教学设计和教学实施的经验。

教师是学校课程改革的重要资源，他们以生为本意识、课程意识、发展意识、服务意识普遍增强，自主、探究和合作学习方式为越来越多的教师熟知和运用，新课堂焕发了生命活力。符合新时代教育目标的基础教育课程体系基本建立，三级课程管理基本到位。

全面推进基础教育课程改革不仅要更新观念，更要在教育内容、教育方式、学习方式、教育技术和教育管理等方面全面创新。目前学校基础教育课程改革正在平稳推进,效果逐步显现,正朝着全面推进素质教育的目标发生着可喜变化。

(三)为了努力培养一代新人

学校要培养青少年学生的爱国主义、集体主义精神,使其热爱社会主义,能够继承和发扬中华民族的优秀传统和革命传统。学校要培养青少年学生的社会主义民主法制意识,使其遵守国家法律和社会公德,初步形成正确的世界观、人生观、价值观。学校要培养青少年学生的社会责任感,培养努力为人民服务,具有初步创新精神,实践能力、科学和人文素养以及环境意识的青少年学生。学校要培养青少年学生适应终身学习的基础知识、基本技能和方法,培养青少年学生,使其具有健壮的体魄和良好的心理素质,养成健康的审美情趣和生活方式,最终成为有理想、有道德、有文化、有纪律的一代新人。

二、学校课程改革主题的确定与思考

在目前课程改革的过程中,不少学校存在着"四多四少"现象,即"参加人员多,深入参与的少""布置的任务多,深入思考的少""教研时间多,形成有价值的策略少""教师研究如何教的多,关注学生怎么学的少"。为了避免再走弯路,针对这些问题,学校首先应该思考如何通过有效校本研修促进课堂教学的改革。

一是由过去教师无准备下的随机听评,改变为教师有准备研究后的有目标的研听。二是由过去学科没有主题、缺乏思考的发散式听评,改变为学科有研究主题的问题式研听。三是由过去关注个体教师教学设计的听评,改变为典型课例为载体、研修问题整体策略优化的研听。四是由过去关注学生学习成绩方法指导的听评,改变为聚焦学生核心素养如何提高的研听。学校要真正做到以学科团队为依托,直面课程改革中的教学问题,实实在在开展以"问题为中心"

的"教与学"的策略研究。

基础教育质量的高低，关系到国家的国民素质的高低，课程是达到教育目的的关键途径。调整和改革基础课程体系、结构、内容，建立符合素质教育和创新人才培养要求的课程体系，能够为课程改革工作不断向纵深发展奠定坚实基础。

中学阶段正是学生树立世界观、人生观、价值观，培养科学思维的关键时期。因此，课程内容、教学方法等将对学生产生深远乃至终身的影响。学校将基础型课程作为中学课程改革的先锋，在实践工作中切实支持基础课程改革，推动落实基础课程质量建设，广泛收获师生好评。

········第二节

基础型课程体系框架内容································

  课程是学生在校学习的重要载体，是学校办学质量高低的关键。课程实施是将课程计划付诸实践的过程，是落实课程目标的基本途径，也是课程建设的重要环节。学校需根据课程政策，结合学校学情和育人目标对学校课程进行自主规划。目前，初高中教育阶段课程学习内容以基础型课程为主，基础型课程的实施能充分发挥学校优势，优质践行国家课程，彰显学校的办学特色。

  近年来，学校力求在基础型课程上有所突破，提出了基础型课程的教学过程要进一步增强开放性，增加合作交流的学习机会和学习环节设汁，激发学生的创造性思维。教学评价在运用纸质评价的同时，要运用更多的评价形式，既要关注学生对知识的掌握，还要进一步强化对过程、方法、态度和习惯的培养。因此，如何通过学校基础型课程促进学生的发展，彰显学校课程建设特色，是亟待深入研究和思考的问题。

  从学校发展角度出发，学校现有的课程实施框架体系中，研究型课程和拓展型课程的建设能彰显学校的特色，虽然学校对于基础型学科课程实施有一定的思考和尝试，但是需要开展系统性的研究与规划。基础型课程的研究会丰富学校课程资源，构建能够满足学生成长需求、教师专业成熟的需要、学校持续发展需要的课程实施框架,借助具有教学有效性和可操作性的课堂实践与反思,彰显学校的学科教学特色。

从学生发展角度出发,基础型课程的内容实施能够丰富学生的课程学习经历,促使学生在学习过程中逐步具备学校期望的文化特质,将学校的育人目标切实地体现在学校课程实施中。基础型课程的内容实施能够更好地满足学生的学习需求,激发学生的学习兴趣,其个性和潜能能够得到全面、和谐地发展。该课程围绕学科核心素养展开,能够促进学生对文化的理解,培养学生的国际视野,帮助学生更好地了解周围的世界。

从教师发展的角度出发,基础型课程的内容实施主体是教师。在课程实施的前期准备过程中,教师首先需要学习相关的课程和教学理论知识,以提升教师的课程意识。在课程实施的实践阶段,教师需结合已有的教学经验和现有的课程实施路径进行课堂实践,从而提升教师的课程执行力。在课程实施的总结阶段,教师通过一阶段教学实践和反思,对课程实施情况做相关的分析和案例研究,总结一些规律和实施策略,为以后课程实施的进一步开展提出建议,发展教师的专业能力。基于此,学校基础型课程体系框架主要依托以下原则进行具体搭建:

第一,根据整体性原则,教师应树立课程的整体观,从宏观上明确学校的育人目标和课程目标,整体上准确把握各年级、各学期的目标定位和学习增长点。微观上,应有效落实教学目标。从以往状况分析来看,学校从创新素养角度制定了学科目标,使得教师具有一定的课程意识。教师逐渐重视教学方式的概念和教学方法的探索,在课程执行过程中,对于目标的实际把握程度,如何有效实施教学,已经形成可操作的要点和路径。学校根据课程建设情况,将现有的实践经验有机结合,更科学、规范地开展基础型课程,梳理实施要点,明确实施路径,形成基础型课程实施的教学手册。

第二,根据以学习为中心原则,基础型课程的实施过程中应重点关注学生的学习需求。教师进行教学研究时需要不断研究学生、了解学生,研究教材、研究教法,研究与教学有关的各种因素,找出学生真正的发展需求。唯有如此改进,教学才有目标。根据学生需求进行课程开发,可以唤醒教师的课程意识、资源意识和以学生为中心的意识,可以促使教师开发适合本校实际、适合学生发展需求的课程。

第三,根据评价多元化原则,学校应建立完善的基础型课程校本化实施的评价体系,对课程实施情况进行跟踪管理。从学校课程实施现状来看,课程评价体系还未形成,需在课程实施过程中甄选教学评价,突出其诊断、指导与激励的功能。基于教师和学生的课程实施评价,主要是对学生学习效果和教师教学效果的评价。学校可以通过行为观察、课堂反馈、作业记录等,达到激发学生学习兴趣、培养学生学习习惯、提升学生学业成果的目的。基于课程本身的实施效果的评价,主要是针对教师对课程实施的自我反思评价和学生对于课程的评价。学校可以通过问卷及访谈等第一手评价资料来调整和改进课程的实施。只有建立科学、行之有效的评价体系,才能在评价的基础上进行反思,总结经验和教训,从而不断调整、丰富和完善课程,真正使课程的实施促进学生的发展。

探索出一套完整的、适合学校的基础型课程体系,不是一次实践就可以完成的,而是一个长期的不断发现问题、解决问题,不断修正完善的过程。在后续教研实践中,我们会丰富不同学段、课型的相关教学案例,以供借鉴与参考。

··········第三节

基础型课程的分支构建 ··································

课程实施是将课程计划付诸实践的过程,是落实课程目标的基本途径,也是课程建设的重要环节。学校在执行国家课程和地方课程的同时,应视当地社会、经济发展的具体情况,结合本校的传统和优势、学生的兴趣和需要,开发或选用适合本校的课程。

一、基于课程标准,注重目标导向

从课标到课堂,我们要解决问题的步骤,就是根据从课标到课堂、从文本到行为转化之间的层级,研究学年、学期、模块、单元、课时各层级之间目标、教学和评价的关系,构建课程实施体系的模型。

因此,学校按知道、理解和运用的行为描述,根据课程标准的总目标和二级学习水平要求,撰写了哈尔滨市第四十九中学各年级学期目标纲要,旨在帮助教师在基础型课程实施过程中做到目标先行,整体把握各年级、各学期的目标定位和学习增长点。

在学年、学期目标纲要明确的基础上,学校将课标进一步分解为各年级学期学习要求,形成目标工具表。开发目标工具表,旨在使目标分解与撰写有据可依,从而提高各级目标表述的准确性。

学期学习水平描述的形成旨在帮助教师在基础型课程实施中整体把握各年段各学期的具体学习要求,关注对学生学习习惯、学习策略与思维方式的培养,课程的目标意识进一步强化,对于课程目标的把握也更具针对性和可操作性。

教师根据教学目标、教学内容与学生实际,教师在课程实施过程中,采用有针对性的教学方法组织实施教学活动,根据教学目标设计教学活动。教师应基于学生已有的知识与经验,设计与教学目标相匹配的学习活动。

二、精选学材,优化课程内容

在实际教学过程中,教师对于初步的统整内容还要进行反复推敲。在教学实践中,应结合教材不同学习板块的功能和学生的认知水平、学习经历、生活体验,做进一步的裁剪处理,进一步优化教材提供的学习内容。教师要选取贴近学生生活的教学内容,这有利于学生借助日常生活经历进行表达、学习,进而培养学生综合能力。基于本校学生基础好、思维活跃、兴趣广泛、活动能力强的特点,家长对于学校课程期待较高。因此,在多年的教学实践中,为了满足学生的学习需求,教师也根据不同的学习主题补充了一些学习材料,这对学生的学习具有一定帮助。但从课程实施角度来看,这些课程仍缺乏系统性和整体性,无法从根本上改变现状。

基于此,学校从学生特点和学科目标出发,通过对不同内容、话题和知识结构的研究,组织教师选编了教学内容,梳理课程内容,整合单元话题,以此作为学校基础型课程内容的补充学习材料。通过对学习材料内容的梳理和整合,再结合学期目标纲要和学期学习水平描述的要求,课程目标和学材内容可以做到有机结合,这为目标、教学、评价的一致性奠定了基础。

三、优化单元整体设计,关注单元课的有效实施

基础型课程的实施主阵地是课堂教学,而课堂教学的有效实施从根本上满足了课程要求。随着课程与教学论等教育理论和教学实践的发展,以及知识经济时代信息的爆炸式增长和中学课程改革的深化,大单元教学已成为一种趋势。其基本思想是打破学科界限,重组单元知识内容,进行整体化教学。

学校一直在探索和追求单元整体教学的发展之路,教师在多年的教学研究和课堂教学实践的过程中,不断加深对单元整体教学的理解与设计。系统化的教学设计需要教师的思考、立意和创新,整体化的课程单元建构更考查了教师对教学体系的深度领悟情况。因此,研究的过程是一个既满足教学要求又进行个人创造的过程,它使教师的教学过程更具有启发性,提升了教师的教学设计理念,也培养了其教学设计的能力。

在基础型课程的实施中,学校教师继续在对单元整体教学的理解上,在解读教材整体结构和板块功能的关系以及学情分析的基础上,针对每一个教学单元,整体组织教学内容、整体设计教学方法、整体分配教学时间、整体设计教学评价,具体从以下几个方面展开:从学校已有的学期目标纲要、各学期水平描述和教材统整表出发,理清各单元基本教学要求和教学重难点,将学习内容代入不同层级的学习水平描述中,确定单元教学目标;根据单元目标和单元任务,划分课时;通过单元设计表,确定分课时任务,分课时知识和技能和情感目标。

四、构建评价体系,提升课程质量

评价是教学中不可分割的组成部分。在学校基础型课程的实施中,对学生的考核评价主要围绕学生的学习成果、学习过程和拓展类作业三个方面展开。

学习成果的评价指向各模块项目和各单元任务的完成情况。它包含了本

模块、单元的主题、功能和核心的知识、技能。通过模仿和迁移来完成模块项目和单元任务,能够培养学生运用本模块和单元所学,完成项目和单元任务的综合能力。

在明确教学目标的同时,通过设计评价表,也可以从不同维度来评价单元教学目标的达成度。在实施过程中,根据教学目标来设计教学评价,可以使教学评价融入教学的整个过程中,以确保课堂教学评价的针对性和有效性。

拓展类作业是学生获取、巩固、应用知识的一种手段,是课堂教学的延续。作业是师生交流互动的一种方式,通过批改作业,教师能获得很多真实有用的反馈信息,学生能得到教师有针对性的指导。新课程强调改变学生的学习方式,提倡自主、合作、探究。从这个意义上而言,对学生作业的批改便不再只是简单的甄别,而应突出作业批改的发展性功能。在基础型课程实施过程中,结合已有的作业设置方案,我们探讨了原有的作业设置和目标关联度,对作业设置的必要性和适切性进行了深入讨论,最终形成了相对稳定、具有层递性且主旨明确的拓展型学科作业评价体系。拓展型作业的评价方式十分多样化,它可以采取举办年级主题作品展示会、学生拓展型作业发布会等形式,其内容也可以包括小发明、科技小论文、小制作、活动设计方案、海报设计等。

学校基础型课程既体现了基础型课程的共性要求,也反映了学校独有的课程理念,关注了课程的基础性和可发展性。该课程是在全面贯彻国家课程的基本思想和理念的同时,结合了学校的传统和优势、学生的兴趣和需要,拓宽基础内涵的新尝试。

········第四节

回归校情学情：
基础型课程的实施策略与案例········

    每个课堂都是一个课程实验室，每个教师都是一个课程实验者，他们通过自己的课堂教学实践时时刻刻检验着课程本身的价值和意义。课程在实施过程中，着眼全面育人，情智育人，从培养学生"五致"能力、丰富学生学习经历等角度，采取多维途径，采取有效策略，提高基础课程的整体效益。

一、基础型课程的实施策略

    课程实施的根本要依靠教师。教师对国家课程校本化实施的过程，也是在对学科教材不断地开放和重组的过程。在课程的开发和实施中，教师的课程意识、课程观念、教学方式等都会发生相应的改变。英国著名课程理论家劳伦斯·斯滕豪斯说："没有教师的发展就没有课程的开发。"[①]我们聚焦课堂教学，通过主题化校本研修，转变教师教学观念，提高课程素养、问题研究能力和创新思维等，打造情智型教师。

————————

① 劳伦斯·斯滕豪斯（Lawrence·Stenhouse），英国著名的课程理论家，在教育研究和探讨课程的设计发展方面做出了卓越贡献。

（一）系统化校本研修，打造情智型教师

哈尔滨市第四十九中学依据情智课堂的要求，重点落实国家课程思想，以课堂教学作为学生情智发展的主阵地。各教研组结合学生学科素养，形成了"课题拉动—师生联动—思维互动—拓展行动"的研修策略。这种以问题为牵动，以课例为载体，以课题为拉动的校本研修活动，坚持"大主题下小问题"，各学科做到真研究、真实践、真提升。在系统的研修中能够不断提高教师的研究能力、教师的思考力、教师课程的建构力，同时也可以促进教师团队专业能力的快速提升。

1.主动预约视导——借船出海，破冰前行，为教师掌舵护航

在构建基础型课程体系的最初阶段，学校决定"借船出海"，寻求智力支援。学校定期向进修学校学科的教研员进行主题预约性视导，开始破冰之旅。我们的做法是细化研究操作流程，明晰研究基本宗旨。即"调研教学需求—确定研究主题—开展校本研修—尝试问题解决—寻求专业支持—跟踪研究效果—形成应用策略"。

在预约视导前，教师们围绕研修主题，组内先自行开展以"问题为中心"的行动研究，形成初步教学策略。通过"一课两讲"的形式，教师们观察课堂学生各个环节的真实表现，课后一起诊断问题，通过组内的二次研磨，调整策略后再进行课堂实践。

在预约视导时，教研员对课例进行观察思考，倾听团队汇报交流，透过课例观察，对研修主题、研修角度、研究思维、典型课例等问题多角度、全方面科学地把脉会诊、纠偏扶正、拓展思维、完善策略。教研员会就本阶段校本研修给出智慧支持和综合评价及建议。

在预约视导后，经教研员指导、调整、完善后的教学策略在后续课堂进行实践，并进行追踪问效。教研员们前瞻的教育理念、独特的观察视角、高站位的

思想引领，使我们形成了科学完整的研究链条。这种有目的、有准备、有主题、有思考、真研究的教研视导，效果非常显著。它不仅推动了青年教师和骨干教师专业快速成长，更使学生的学习方式发生了改变，师生的生命正悄然发生着变化。

通过与学科教研员主动预约视导，教师个体的自我反思、团队合作、同伴互助和学科专家智慧引领进一步发挥作用，这让我们知道了在校本研修时研究什么，改进判断力；明确了怎么研究，增强研究力；研究了怎样保障，提高执行力；了解了怎样凝练主张，形成提升力；确定了如何推动实践，加强应用力。本着"研究一点，实践一点，总结一点，提高一点"的研究态度，学校的校本研修逐步从被动走向自觉。

2.内部挖潜资源整合——深化主题式校本研修，构建特色化研修体系

成功的学科主题式校本研修模式作为种子资源在全校展示，这对其他学科也是一种具有可借鉴性、可操作性的有效培训。当教师们的研究热情被点燃、传递并覆盖其他学科时，其潜能的爆发是令人振奋的。学校进一步确定了校本研修的模式：以"一课两讲"式课例研究为大主题，构建师生学习共同体。我们以课堂实战为载体，以课例研究为主线，以"一课两讲"为形式，"让学习真正发生"为研究的核心问题。

教师们带着新的理念走进课堂观察，带着问题听课，带着思考交流，使校本研修不再流于形式。我们先重点解决了教师的三个瓶颈问题。一是什么是课例研究，它与我们以往的观课议课的本质区别是什么；二是课例研究的主题如何科学选取和确定；三是怎么做课例研究，才能使它形成优化的教学策略，指导后续的课堂教学。

课例研究是教师课堂教学"轨迹"的真实反映，是一种以课例为载体，以观察为手段、以教学问题为对象、以互动对话为特征，以教育教学行为改变为目的

的教学研究,是一种"教学与研究一体化"行之有效的提高教师专业素养和教学质量的有效手段。

没有研究主题的课例研究,容易回到传统教研时的就课论课,在听课、议课、评课时教师们虽然会从多个角度进行点评,但讨论的问题并不深入和透彻。而围绕某个主题开展的课例研究不仅能够做到重点突出,而且还有利于提高研究效果和品质。但主题怎么确定,这是教师们遇到第一个难题。校本研修在确定主题时,一定不能大而空、不具体,而应该"小题大做",聚焦教育教学核心问题,挖掘"牵一发而动全身"的真问题。

3."一课三合"——科学合理地确定研修主题,为课例研究立"魂"

研修主题确定的三个思考角度。以生命化教育理念为引领,指导各个团队从基于教学问题的思考,基于教师专业发展的需求,基于学生成长的需要。

基于教学问题的思考。如体育学科,学科素养下体育一体化教学研究与实践,让学生在玩中学;语文学科,长文短教,让学生对文本拥有深刻的理解。

基于教师专业发展的需求。如微课教学提高学生对学习有效性的研究与思考,以及对大问题教学策略的研究与实践。

基于学生成长的需要。如地理学科:基于核心素养导向下的生活化地理校本课程研究与实践;美术学科:研发多元化美术课程,促进学生美育素养提升的实践与研究。

课例研究主题可以与学科小课题有机整合。学校用整合的思想把教研、科研、培训统筹管理,集中问题,精准发力。可以通过专题讲座对全校教师做培训,又可以通过课例解析的方式进行具体指导,引导教师从学科中常见的困惑、教学中常见的疑难点、学生核心素养的培养、课改中核心理念的践行等方向入手,指导各个学科组确定研修主题。同时,也将此作为学科研究的小课题,这不仅没有给教师过多的工作量,还切实解决了教学中的一些困惑。

采取学段式主题研究、学科式主题研究并举的方式,使研修更具有针对性。学校遵循学生的年龄特点、成长规律和在不同阶段出现的问题,分别开展低学段和高学段的研修活动。如低学段为了解决小学与初中衔接的问题,在六年级已经系列化开展了主题为"如何搭设小初衔接学科过桥课程,让学生在愉快中学习"课例研究,缩短学生间的差距,让孩子们信心满满地迈稳中学的第一步。高学段历史文化课型教学策略研究的主题为:透过历史文化表象,深化学生学习历史的方法。

分学科式的研修主题选定不是碎片式的,而是要有学科整体构建的思想,其具有专题性、系列性、递进性的特点。一是专题性,如数学学科各种课型的研究,概念课、法则课、定理课、复习课等;二是系列性,如语文学科,通过阅读及"悦读",引导学生对文本有深入认识和理解,带领学生分析人物的形象;通过阅读的深化研究,引导学生准确地把握作品的主题;三是递进性,如英语系列研修主题通过多维活动,提高学生英语词汇的应用能力;通过多维活动的拓展性训练,提升学生的词汇量,提高阅读能力;通过思维导图的使用,提升学生综合运用的能力。学科研修主题体现"小角度"里研究"大问题"。主题确定角度小,但成果的迁移性比较大,可以广泛地追踪有效策略的课堂应用。

4."一课两讲"——课堂观察,透过现象研本质,为课例研究立"法"

学校在课例研究时,采用"一课两讲"的方式,流程为:"学科研究主题的确定—备课组选定典型课例—组内自行以'问题为中心'的策略研究—教师'一课两讲'课堂实践和观察—教师课堂践行再验证—修正完善拓展应用策略"。每月的"一课两讲双师同堂"成为学校的教学常态工作。学校还利用这种方式,开展了"我与同伴互助式一课两讲""我与名师引领式一课两讲"、毕业班主题课堂教学研讨课、骨干教师课例汇报课、集团青年教师大赛课等活动,其目的是提高不同层次教师的教学研究力。"同课同构、同课异构"这两种形式作为课例研究磨课两部曲，各有不同的价值。前者侧重研究教学实施的智慧，后者侧重研究教学设计的智慧。同课同构的课例研究多用于骨干教师与年轻教师设计同一课例。因教师不同、学生不同，所以虽然是同样的教学预设，但课堂上生成的问题却不同。我们要追踪研究的就是为什么会出现不同。备课组和教研组两次、三次甚至多次深究，能够解析产生问题背后的原因，这种研究的效果十分显著。教师个人有效做"加减"可以实现教与学策略的优化，从而促进学习共同体的发展与建设。

集众人之智慧，展个人之风采。师徒同台：七年级数学教师喻莹莹、阎慧婷同上一节课"平方根"，提升学生数学抽象、数学计算的思维素养；八年级数学教师张士宝、孙佳欣同上"等腰三角形中二倍角问题"，提升学生逻辑思维能力。"同课同构"引领教师更关注教学细节，取长补短，彼此借鉴。"同课异构"的课例研究可以激活教师的创造思维，彰显教学设计个性。它多用于骨干教师，倡导成熟型教师的不同教学风格。如今同课同构、同课异构的课例研究在各备课组中扎实持续开展，推动教师彼此间不断地学习、分享、共进。

一节课的优劣直接体现在学生课堂上的反应状态上。传统研究活动仅凭印象和感觉分析研究结果的可行性。而观察量表则可以更为客观、准确地提供观测数据，使课例研究有理有据。运用量表分析，可以做到带着问题进课堂，带着问题和答案出课堂，从而透过现象研本质。我们倡导"研究结果"固然重要，但"过程性研究"是更重要的理念。教师在做课例研究时，应制作和开发各种课堂观察量表，利用量表记录课堂教师行为和学生学习发生行为，并在数据的基础上分析数据外的思考。通过基于"事实与数据"的理性分析，引发教师团队的深度对话。

一是量表中观察点的设置，使听课人聚焦观课角度。有指向性的观察记录可以有效避免观察无重点。二是借助数据分析，聚焦研究问题。"核心问题"可避免研究时教师偏离主题,也可改变传统研修时就课论课好与坏的简单评价。围绕问题,对课堂实际发生进行解析,展开讨论,通过现象研究产生问题的本质,挖掘其根源,思考更好的改进策略。三是量表中预设生成关注问题解决方式,聚焦学生学习行为。把学生学习作为研究的主旋律,通过判断学生学习是否真正发生以及课堂真实的表现,反观教师的教学行为。

量化观测是发现、弥补预设不足的科学方式。如六年级数学围绕"角的比较和度量"一课,依据量表从"组员的参与状况""问题的产生(包括问题类型、发生时机)""问题的解决途径""问题的解决效果""活动实践反馈"等方面进行观测时,发现一些学生并不是借助图形的体现,而是直接借助于计算来解决问题的,这是在预设中没有关注的问题。经过研究后,教师决定将本课例中的问题改为"利用一副三角板,在材料单上画出所有小于180°的角",鼓励学生动手操作,体现思维过程,培养思维习惯。观察量表的设计使用,能够完善预设、优化课例,提升教师团队科学研究的意识和能力。

量化观测是检验、优化研究效果的科学依据。如语文组围绕"在文言文学习中改变学生的学习方式"这一主题的课例研究中,学生自主学习,教师依据量表中自学能力、兴趣表现、表达效果等指标进行观测,为研究更有价值的结果提供了依据。

通过校本研修,学校们侧重课堂动态研究的过程,侧重对课堂发生的结果展开研究,真实再现了学科团队共同研课、共同上课、共同磨课、共同拓课的一系列过程。这也就是转变教师由只关注"教"到更多地关注学生"学"的过程性研究,它让教师团队从个体经验凝练转为群体教学资源。

5.深化主题式校本研修,落实"5C"学生核心素养

党的十九大提出把落实立德树人作为教育的根本任务,通过不断地提高学生的核心素养,培养适应社会未来发展的人才。这标志着教育从"知识核心时

代"走向"核心素养时代",而教师怎样才能从"学科教学"转向"学科教育"呢？目前，在高中阶段已经出台了各学科素养的相关方案，但初级中学还没有形成各学科的学科素养。所以这更需要我们通过有效的教、研、培等校本研修活动，帮助教师不断实践和探索。

学校引领教师不断拓宽思维，重点促进核心素养的提升，聚焦"5C"学生核心素养——"5C"即curiosity（好奇心）、cooperation（合作力）、creativity（创造力）、construction（建构力）和continuation（延展力）的首字母的缩写。教师重点关注这五个方面：学生的好奇心，合作力，创造力，建构力和延展力。好奇心是学生学习科学知识的原动力。合作力是团队精神、协作精神和服务精神的集中体现。创造力是知识、智力、能力及优良的个性品质等复杂的、多种因素的综合优化构成。建构力是学习过程中对新信息的意义的建构，同时又包含对原有经验的改造和重组。教师的作用从传统的传递知识的权威转变为学生学习的辅导者，成为学生学习的伙伴或合作者。学生是学习信息加工的主体，是建构的主动者，而不是知识被动的接收者和被灌输的对象。延展力是让学科知识成为修习涵养中不可缺少的精神营养，从而有效地完成知识迁移，它是课堂学习的延伸、发展和具体运用。好奇心是前提，合作力是基础，创造力是核心，建构力是目标，延展力是方向。

通过长期对学生五个方面核心素养的培养，可以帮助学生学习构建形成完整的学习系统和有机、整体的思维链条。这对于高中学习和未来持续发展都是有很大的促进作用的。在物理"杠杆"一课，教师放手让学生尽情玩，孩子们在玩中学、在学中玩，学生在亲自体验、自主破解问题时，逐渐玩出了杠杆的工作原理，玩出了应用的智慧。在数学"有序数对"中，学生围绕中日钓鱼岛领土争端，进行沙场点兵、排兵布阵、设计路线，他们的思维异常活跃，争先恐后地进行表达。

6.及时总结撰写课例,凝练校本研修纵深化研究

在课例式的校本研修结束时,一定要及时指导教师或学科组用文本形式将课例研究的过程呈现出来,这就是要及时撰写课例。这是一个最难的环节,因为要"讲述教学背后的故事",就要有研究的味道,要有对校本研修过程的归纳与提炼,还要能够体现从实践到理论的提升。

课例的四个构成要素分别是主题与背景、情境与描述、问题与讨论、诠释与研究。课例研究,主要是通过一节课、一主题、一教师、一团队在教学策略的研究和改进过程到底获得了哪些理性的认识和初步结论展开的,这需要一些概括和提炼,需要做出高一层、具有普遍意义的诠释。

对课例的诠释实际上就是交代对于课例研究中不同阶段出现的问题是如何理解和处理的,包括课堂教学为何如此改进的原因等。这也就是要教师讲出课堂教学的"亮点"在哪里、"缺憾"在哪里以及理由,使教师明白其"背后的故事",从而发挥课例的最大效果,触发教师的发散思维。

(二)生成性课堂教学,构建生命力情智课堂

哈尔滨市第四十九中学基础型课程重在国家课程的校本化实施。通过系统化的校本研修和课例研究,提升了教师的专业能力,使教师的教学观念从关注学科教学转为关注学科教育。教师们用情智教育理念,进行学习方法的创新探索,以课堂教学为主阵地,开展有生成性的情智课堂教学研究。重点以"提高课堂质量"为中心,变革教与学的方式。在课程的实施中,时时以情智目标为导向,聚焦学生核心素养,并具化在学生发展的"致美的身心、致深的学养、致新的思行、致善的品格、致上的追求"五项目标上,变革教的方式,转变学的方式,让学生成为学习主体,让体验、探究、实践成为主要的学习方式,从而提升课程实施质量。

通过情智课堂教学的长期浸润，学生的情感、智能、素养都得到了发展。老师们根据课堂教学的特点，研发了"五种课型""七种课例"，并进行深入的实践探索。"五种课型"是学科新授课、复习课、讲评课、实验课、综合课。"七种课例"是"新教师问题诊断课、青年教师汇报课、骨干教师引领课、双师同堂课、新课程研讨课、一课多讲课、领导随机抽签课"。教师们根据不同的教学内容和形式，构建了新课程背景下的课堂教学五种课型的授课模式：新授课——创设情景，探求新知，拓展应用，反思提升；复习课——辨析建构，质疑解惑，加工重组，反思提升；讲评课——试题分析，评重讲难，变式演绎，整理升华；综合课——方案说明，方案展示，合作交流，总结评价；实验课——创设情景，实验探究，探索提升，反馈评估。运用新课程理念提升教育智慧、改变教学方式、实现精讲精练，不断提高课堂教与学的效率。

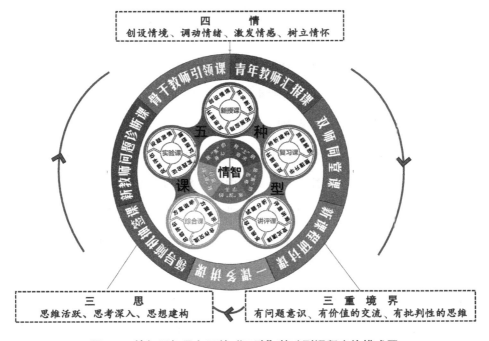

图4-1　情智目标导向下的"五致"基础型课程实施模式图

生成性的情智课堂是对生命的理解和尊重,是在教与学过程中促进学生"五致"的和谐生成。每节课、每种课例、课型都成为师生共生情智,释放潜能的生命场。师生在课堂的体验中,交流对话、情智共鸣,达到思维、思考、思想方面的深度发展,生成了独特的情智课堂文化,即课堂上"创设情境、调动情绪、激发情感、树立情怀",学生在学习中"思维活跃、思考深入、思想建构",形成终身获益的习惯"有问题意识、有价值的交流、有批判性的思维"。

二、基础型课程的课堂教学案例

学校各个学科的教师在基础性课堂教学课例研究中做了很多深入的探索,也取得了诸多令人欣喜的成果。下面仅举不同学科、不同年级有代表性的课例研究,以期引发大家的思考。

(一)在小初衔接的课堂上培养学生的运算能力——"分数的运算"课例研究①

哈尔滨市使用的中学数学教材是人民教育出版社出版的(五四学制)义务教育教科书,分数的乘除运算被引入中学数学教学之中。在小学学习了分数的加减的基础上,六年级上学期才基本完成分数的加、减、乘、除的四则运算的学习。我们在课堂教学中发现,大部分学生存在不能准确计算的问题,如运算法则及运算技巧乱用,运算顺序混淆,审题不清,提笔就错等。而对于错在哪里和出错的原因,学生从不思考和总结,更不会检查和自我修正。而《中学数学课程标准》明确指出的学生应具备的"数学六大核心素养"中,计算能力作为基本素养又是贯穿中学数学学习始终的。作为基础学科的数学,"如何让学生能准确地计算"成为教学要突破的一个难题,这同时也是为了让小初衔接更加顺畅。为此,学校六年级组建了研究团队,六年级数学教师为主要参与成员,七八九年

————————
①本课例来自哈尔滨市第四十九中学数学教师董老师。

级教师也积极参与其中。研究团队确定了以"在小初衔接的课堂上培养学生的运算能力"为主题的六年级自主创编过桥课程,以"分数的运算"一节课为载体,进行课例研究。

情境与描述:本节课设计了五个活动,前三个活动始终由"$\frac{1}{2}$、$2\frac{1}{3}$、$\frac{2}{3}$、6、$\frac{6}{5}$"五个数据为载体,让学生利用这五个数据自主编写加、减、乘、除四则运算的题目,自己解题。同时将自查、同桌互评及小组补充的方式结合起来,通过三个开放式命题的研究讨论,进一步巩固运算法则和运算顺序,养成自查的良好习惯,提升学生的运算能力。最后反馈小结和布置开放式作业。

活动一:学生要利用五个数据自己编写一道一步计算的题目,自己解答并验证。

生1:$6 \div \frac{6}{5} = 6 \times \frac{5}{6} = 5$。

生1出的题目是除法运算,直接由其本人将法则说出来,并进行剖析。

与此同时,由于生1设计的运算过程中产生了乘法运算,教师直接引出对乘法法则的巩固。

生2:$\frac{1}{2} \times \frac{2}{3} = \frac{1}{3}$。

这个题目恰恰运用了生1所指出的乘法法则,生2说出分数的乘法法则,进一步强化了法则的应用。

在以上同学命题的基础上,教师引导学生说出分数加、减的命题。

生3:$2\frac{1}{3} + \frac{2}{3}$,$\frac{1}{2} - \frac{2}{3}$。

利用这两个生成性命题,再次巩固分数的加减法法则。

在巩固法则的同时,引导学生总结容易出错的地方。

生1:容易忘记约分,结果应是最简形式的。

生2:带分数化成假分数的方法是分母不变,整数部分乘以分母加分子,结果做分子。

之后，教师引导学生说明如何自我验证，即逆运算验证。

生3： 加法的结果可以用和减去其中一个加数，如果等于另一个加数，就是正确的，反之就是错误的。

生4： 可以用逆运算，即加用减、乘用除、减用加、除用乘。

学生在本活动中，通过自主学习，更加牢固地掌握了分数四则运算的法则，并能够自我验证，总结归纳用逆运算检验对错的方法，同时通过学生之间交流，彼此也互相沟通了如何避免出现错误的方法。

活动二：本活动要求以学习小组为单位出一道两步运算的题目，独立解答，小组互评，总结经验。

A组：$2\frac{1}{3} \times \frac{2}{3} \div \frac{6}{5}$。

师： 为什么先选择乘法运算？

A组：按照同级运算顺序，从左到右。

B组：$\frac{1}{2} + 6 \times 2\frac{1}{3}$，不同级运算，先算乘除，然后再算加减。

在指明运算顺序之后，教师要将容易出现运算顺序混淆的错误呈现出来，与同学们分享。

C组：$\frac{1}{2} + \frac{1}{3} \times 6$，组长代表组员呈现错误的地方，先算了加法，组长说明是运算顺序出错了，C组的同学给大家的建议是一定要关注运算顺序。

D组的同学针对C组的同学给出的命题及注意事项，同时也给出了他们的建议，即在运算过程中要注意审题，看清是什么运算，对应的法则及运算顺序是怎样的，不能盲目从事。

如： $\frac{2}{3} + 2\frac{1}{3} \times 6 = \frac{2}{3} + \frac{7}{3} \times \frac{1}{6}$，计算过程中出现了法则混淆，运算符号弄混。

通过本活动的讨论，学生在牢固掌握运算法则的基础上又进一步明晰了运算顺序在准确运算中的作用。

活动三：在上一活动的基础上增加新的条件，即增添一个小括号，形成带括号的混合运算。

A组：$\dfrac{1}{2} \times \left(2\dfrac{1}{3} - \dfrac{2}{3}\right)$。

现场编题的过程中，针对生成的题目，引导学生在多种解法当中进行优化，选择最佳的计算方法，在巩固运算法则及顺序的过程中渗透方案选择的数学思想。

A组：先算括号内的。

B组：分配律。

归纳：不是所有符合分配律的算式就用分配律最简单，要视实际题目而定。

师：$6 \div \left(2\dfrac{1}{3} - \dfrac{2}{3}\right) = 6 \div 2\dfrac{1}{3} + 6 \div \dfrac{2}{3}$，针对上面学生引出的乘法分配律的问题，教师直接给出学生易出现错误的分配律误用的问题。

生1：除法没有分配律，本题要按运算顺序，先算括号内的。

生2：我认为除法也可以有分配律，如$\left(\dfrac{6}{5} + \dfrac{2}{3}\right) \div 6$。

问：什么情况下，除法也可以使用分配律呢？

生3：在除法可以转化成乘法时，如上题中，除数是单独的一个数字时可以变为乘法。

通过本活动中一系列的生生、师生对话，让学生明晰：运算顺序不能混淆；法则要明确，不能用错；运算技巧要正确使用，不存在的运算律不能杜撰，计算要有根据。

活动四：反馈小结。

计算：$\dfrac{6}{17} \div 8$；$\left(5 - 4\dfrac{1}{3}\right) \times \dfrac{15}{8}$。

学生代表根据学生掌握的情况进行小结，按照先后顺序将黑板上的内容进行擦除，黑板上最终留下的是需要学生明晰的内容。

活动五：布置作业。

计算：$\frac{3}{10} \div \frac{2}{5} \times \frac{2}{3}$；$\frac{6}{5} \times 8 - 1\frac{1}{5} \div \frac{1}{3}$。

此外，请学生写一道计算题。要求：用不超过三个运算符号连接；"+、-、×、÷"四个运算符号可以重复使用；独立计算；写在作业本上。

问题与讨论：第一次研究设置四个活动，从错题入手，寻找错因。以小组为单位，寻求解决方法，之后小组交流展示，最后进行课堂检测、布置作业。

研究小组经过课堂观察，讨论后，发现本次研究存在以下问题：A教师认为没有明确小组活动的目的，研究的指向性不清；B教师认为课前错题选择过多，没有代表性；C教师认为产生的错误原因太多，没有载体，学生不知如何入手；D教师认为由错误入手不符合学生的认知规律，学生容易出现"错误强化"。教师经过讨论，达成共识，将本节课的设计进行了调整，进行了第二次研究。

整节课的设计分为五个活动环节，以具体数据为载体，通过开放式命题，让学生自主编题、解题并纠错，采用思维导图的方式进行小结。

第一，根据D教师的分析，在符合学生认知规律的前提下，给出数据，以具体数据为主线，让学生在有限制条件的前提下进行开放式命题。课堂一开始，学生就有事可做，操作性比较强，学生的研究有抓手。数据的选择，主要考虑具有代表性和典型性的数，有分数、整数，分数包含同分母的、异分母的，以及带分数，最后确定了"$\frac{1}{2}$、$2\frac{1}{3}$、$\frac{2}{3}$、6、$\frac{6}{5}$"这几个数，实际操作中，学生对于这几个有代表性的数据的使用还是达到了一定的教学效果，想要出现的问题类型基本上都在课堂中呈现出来了。

第二，在设计活动要求时，研究小组的成员针对"话应该怎么说"的问题进行了深入探讨。怎么说学生能明白才是关键，学生要看到活动要求就知道要干什么。最初的设计，对于语言基本上采用的是精准的数学语言，但事后大家认为六年级的孩子根本无法理解数学语言，所以最终采用的是"儿化式"的学生语言,用最贴近学生的语言解释要完成的活动要求。课上,学生弄清了活动要求后,课堂效率极大地提高了。

第三,对于课堂反馈这一环节是否保留的问题,研究小组经过了一番激烈的讨论。部分教师认为,本节课从始至终都在不断地反馈,那么反馈不用再单独列出来了。A教师认为,由始至终的反馈是好的,因为可以在不断的反馈中纠错、找方法。但每一个环节也仅仅限于个人或小组的反馈,没有整体对这节课的反馈情况,这样下来还是没有形成完整的课堂思维过程。后来,大家一致认为A教师的想法是有道理的,因此保留了反馈这一环节。事实证明,经过统一反馈,学生和听课者对于课堂有了一个整体认识,知识吸收效果更加显著。

第四,对于活动形式,由于在进行活动时问题比较容易,活动以独立完成、同桌验证为主,故教师改变了最初的设计——"从始至终的小组活动",这不仅避免了小组活动的疲惫,也给了学生独立思考的空间,为下面几个活动的顺利进行做好了心理准备。

第五,注重学生课堂生成的东西,由课堂生成去达到教学的目的反倒让学生更容易接受。在原来的设计中,研究小组将每一个问题都进行了大胆的猜测和详细的预设,但在课堂上始终让人觉得是教师牵着学生的鼻子走,学生仍旧处于被动的接受状态,这甚至导致部分学生开始分神、开小差。改动之后,课堂上学生的每一根神经都是紧绷着的,学生的眼睛更加明亮,专注力有了明显的提升。

最后,针对小结部分,最初用的是简易的思维导图,其目的很明显,就是为了最终让学生头脑中留下的是最重要的东西。但讨论之下,B教师建议采用师生共同擦黑板的方式将本节课的重难点突出出来。在实际操作时,学生在兴趣之下,对这一环节掌握的要比预计效果好很多,黑板上最后留下的是分数运算的方法和目标,这让学生头脑中留下的是清晰的正确思考过程。

诠释与研究：在很多教师的课堂上，当学生出现错误或说得不正确时，教师处理的办法往往是两种：一是教师提问其他会的学生，为大家讲述一遍正确的解题方法，"告诉"学生什么才是正确的；二是当其他学生也没有讲清楚时，教师亲自讲解，让学生"明白"道理，然后强化训练。第二种做法，既可以节省教学时间，又简单快速地解决了学生的问题。

在本节课例的研究和实践中，我们有着共同感知：教师不要害怕学生出错，而是要有效地利用学生的错误资源，变"错"为"宝"。教师要巧妙借助学生的错误，引发学生的认知冲突，引导学生自主思考，从而实现生生间、师生间深层次的交流与对话，让学习真正的发生。教师要促使学生自觉思考、发现问题、自行补救，完善技巧，让学生有趣地学，让学生有法地学，让学生有心地学，让学生有效地学。

本节课例经过几次研究及课堂呈现，也引发了教师们共同的思考。计算能力的培养是一个漫长的过程，在这一过程中，如何引导教学，如何鼓励自主学习，已成为课题组成员在本节课例研究的基础上要深入思考的新问题。反思之后，大家有了以下共识：

第一，提倡小组合作学习，建立学习共同体，为学生打造数学学习的良好环境。教学要关注学生的自主学习，教师切不可越俎代庖。而小组合作学习就是给学生们搭建了这样一个自主学习的舞台。在日常教学中，教师要注重学生小组合作学习习惯的培养，组建学习共同体。就像我们在本节课堂上展示的那样，让探究在小组内进行，思维在交流中碰撞，认知在碰撞中形成。而在课堂之外，小组的活动也要延续，如难题的讨论、小卷的批改和讲解等。这样下来，学生的学习热情就会不断高涨，学习效果也会得到显著提升。

第二，通过自主命题及解题，充分利用生成性错误资源，自我修正，提升运算能力。本节课亮点之一就在于引导学生自己分析计算中出现错误的原因，并通过生生、师生之间的对话交流，寻找自查的方法，如利用一种运算的逆运算来检验，加法可以用减法检验，乘法可以用除法来检验，反之亦然。逆向思维是创造性人才必须具备的基本能力，是思维训练的载体。加强逆向思维的培养能有效提高思维能力和创新意识，数学教学中经常用到这个方法。如果学生从现在开始就养成利用逆向思维进行自查的习惯，那么他们计算的准确率就会大大提高，数学思维也会越来越严谨，这有利于数学核心素养的形成。

第三，放手让学生去做，会有不一样的效果。在以往的教学实践中，作为教师，调控课堂是一种基本技能，而现在我们还要"放得开，收得回"才行。当下，我们孩子的思维是活跃的。因此，在设计时，题目本身应是开放的。有目的的开放是为了引发思考，在主动思考的前提下，我们的教学才是有意义的。就本节课的课堂呈现来说，学生的思维被开放式的题目不断调动着，没有分神的空间，他们不是被牵着走，而是自己想抬脚走路，而只有这样的教学才是有效的。

第四，课堂反馈不只是一个环节，更是贯穿课堂始终的目标。在日常授课中，反馈要不断地在各个环节中进行渗透，随时出现问题，解决问题，并及时根据生成性的问题进行反馈。这样不但可以提高课堂效率，课堂效果也会随着知识的渗透得到进一步深化。学生在不断发现、解决、反馈、再发现、再总结、再反馈中真正理解知识本身的涵义。

（二）由走马观花看热闹到停下脚步赏美景——《狼狈》一课的课例研究[1]

经过一个阶段的学习，我们发现初一学生对文本的认识比较肤浅，他们更多地停留在对文本基本意思的把握上，甚至有时会曲解文本的意思。在学习中，他们有时候仅就自己感兴趣的情节（某个点）有认识、有热情，但缺乏对文本的整体把握，更缺少对作者写作意图的认知与理解。所以，常常在人物形象的整体把握和文本主题的理解上出现偏颇。同时，我们发现孩子在读书时，不管

———
[1]本课例来自哈尔滨市第四十九中学语文教师闫老师。

课内还是课外,总是走马观花,浮于表面,比如:在孩子读自己感兴趣的作品时,他们只需要两三个小时就可以读完一本书,之后,又要求家长继续给自己买书。其实,在这样的读书方式下,孩子书读得不少,但精神和思想上的收获却不多。究其原因,还是他们仅仅是从兴趣出发。而走马观花式地阅读、看热闹式地读书很难对作品的深意有所理解和把握。为此我们的研究主题设定为通过阅读及"悦读"引导学生提高对文本的认识和理解。

　　本节课,我们就孩子在阅读中出现的不足做了一定的指导和引领。为了提升初一孩子对作品的兴趣,我们特意选取了孩子们都喜欢的沈石溪的《第七条猎狗》作为研究范本,其中的一篇《狼狈》就是本节课的内容。教师和学生的交流探讨使学生在对文本内容有了初步感知的前提下,通过两个具体情节来加以交流。在交流中,教师通过创设情境和品析关键词句等活动尝试着引导学生对文本内容深入理解,帮助学生对作品的认识和理解有所提高,进而在有效经验的引领下,学会有效地阅读,科学地阅读,以此提高学生语文素养,培养审美情趣。

　　情境与描述:本节课主要通过狼狈偷猪和围剿狼狈两个具体情节来加以描述。

　　情节一:狼狈偷猪。

　　问题一:狼狈是如何偷猪的?请学生迅速到故事中探寻。这个问题基本上是考察学生平时的阅读能力。紧接着教师抛出第二个问题。

　　问题二:这个情节中的狼狈给你留下怎样的印象?

　　生:配合默契和聪明。

　　师:大家读出了自己的认识。

　　这个环节中,追问的内容是一部分学生在阅读时能够思考到的,一部分学生没有思考到的。接下来教师又继续追问。

　　问题三:你在狼狈的哪些动作上看出它们具有这些特点的?

学生在故事中寻找描写狼狈动作的动词,教师引导学生关注词句。

教师并没有让学生仅仅停留在查找动词上,而是在给予学生肯定的基础上,又让学生去体会一下这些动词的妙处。这样学生就在教师的引导下,体会到故事中狼狈偷猪时的聪明、默契。

最后,教师创设情境。

问题四:假如你是作者,你就躲在某个角落,窥视着自己的猪被狼狈偷走,你对狼狈的态度是什么样的?

生:痛恨。

学生在这个话题下,摇身一变成为作者,就能够真切地体会到沈石溪那时的情感,从而把握住了人物的思想情感。

情节二:围剿狼狈。

问题一:带着回忆,谁能用一个词尝试着说一说这场围剿给你留下的印象是什么?

生:激烈。

这是学生的最初理解。

问题二:激烈的围剿中,狼狈付出了哪些代价?

生:黑狈的唇吻、肩胛、脊背和后胯被狗牙咬破,浑身都是血。黄狼自己的一只耳朵也成了大花狗的战利品。黄狼的尾根爆出一团血花。

学生找出了狼狈所付出的代价,这表明学生对文本有初步的认识,但仅仅停留在文本的表面,还没有对文本进行深入理解。所以教师继续引导。

问题二:大家能否把画面还原一下,想一想黑狈在遭到进攻时具体情景是怎样的?

生:黑狈满地翻滚,连续惨叫,毛和血混在一起,身上有很多土,满是猎狗的唾液。

通过这样的引导,学生头脑中就有了真实的画面,学生对黑狈的境遇有一个深入的理解。学生的认识由最初的激烈提升到惨烈。进而,教师引导学生体会此时沈石溪对狼狈的态度是什么样的。

生:哀怜。

学生的认识有了较大的提升。

问题三:强壮的黄狼是可以逃跑的,但它没有逃跑,现在让我们再次回到战斗中去,体会他们之间到底有着怎样的感情。

狗们一个接一个跳到黑狈身上,咬得天昏地暗,黑狈躺在地上,已无力朝狗反咬,脖子一伸一伸,嘴里喷出一口血沫,也喷出一声垂死的哀嗥。已逃到野砂仁地边缘的黄狼像触电似地敛住了脚爪,黄狼"唰"的一声回转身来。

它就满身挂彩,趴在地上,可它仍拖曳着压在它身上的七八条狗,顽强地朝黑狈爬去,在地上画出一条长长的血痕……

学生通过体会词语去感知文本的深层意思。

教师追问:请你揣摩一下黑狈的"哀嗥"有几层意思?黄狼"唰"的一声回转身时,它想到了什么?这样学生在此时能够停下阅读的脚步,仔细揣摩、体会文字背后那重重的深意及情感。

生:不离不弃、忠贞、生死相守。

问题四:此时,我们是否可以用另外一个词重新定义这场战斗?

生:惨烈。

学生在教师一步一步的引导下,对这场战斗的定义由最初的激烈到惨烈再到现在的壮烈,对文本的认识与理解在步步加深。

问题五:作者没有像村长说的那样把狼扒皮卖肉,而是深深地埋葬,这种举动表明了什么?

生:感动、尊敬、敬畏。

问题六:作者此刻对狼夫妇的情感是什么?

生:敬畏。

交流到此刻,学生对围剿的认识是"激烈—惨烈—壮烈"。体会到作者的情感变化是"怨恨—哀怜—敬畏"。

教师在与学生的交流过程中,通过创设情境,还原战斗场面,还原狼夫妇的生死画面。通过体会、揣摩词句,教师引导学生深入理解文本的深意,感知形象和作者的写作意图。学生由原来漫无目的、发散、凭兴趣读,渐渐体会到在兴趣的激励下,在有效方式的引领下,科学、有收获、有自己独特体会的读书乐趣。

问题与讨论:初一的学生刚刚从小学走进中学,无论基础知识还是认知能力,都有一定的局限性。为了使学生能够更好、更快地融入中学的学习、生活,使小学和中学有一个更好的衔接,我们在如何引导学生提高对文本的认识和理解上进行了多次研讨。

最初,我们本着充分呵护学生"悦读"这一想法,在这一课中大胆地提出以"找出你感兴趣的情节"为切入点展开交流。这种设想得到了教研组很多教师的认可,大家经过讨论认为,这样的问题设置,既充分调动了学生的阅读积极性,又很好地体现了我们引导学生深入理解文本的这一目的。在上课前,我们做了比较充分的预设,把故事中的情节一一做了理顺与分析。我们满怀信心地投入到课堂实践中去。

当我们把这个问题抛出来时,它的确是引起了学生极大的兴趣,学生争先恐后地在故事中寻找,争抢着表达。但是,学生们的回答已经远远超出了我们的预设。因为有太多的学生回答太随意,他们寻找的也有很多不是情节,有的学生根本不考虑交流的话题。通过尝试我们发现,这种问题的设置只部分地达到了我们的目标,它体现出一定的趣味性,但引领学生深入体会、认识文本这一目的并没有实现。课后,我们进行反思,大家都觉得,如果问题提得太宽泛,学生就会漫无边际地发散,以至于大大超出了我们的预设,或者说放得太大,会收不回来。初一的学生刚刚入学,他们对阅读的认识还很浅白,他们的想法往往是跟着感觉走的,想到哪里就说到哪里,没有一定之规。所以,我们还是把问题提得具体些,使学生在一个具体的问题下思考比较符合现阶段的认知特点。

在第一次磨课后,我们又尝试着第二次试验,教师A认为,故事中的狼狈的形象很鲜明,可以从分析形象上入手。具体问题是"故事中的狼狈给你留下怎样的印象?"这一提法得到了一些教师的认可。教师B认为,这个问题比较具体,避免了第一次上课时问题太大的不足,又可以以此为主问题,继续追问从哪个地方可以看出狼狈具有这个特点。教师C也认为如此设置能够实现引导学生对文本进行理解认识这一目的。第二次磨课开始了。学生对狼狈形象认识比较准确,比如狼狈聪明、默契、忠贞,同时也能找到体现这些特点的情节。但学生的认识基本停留在这个高度。并且,学生在认识狼狈特点的时候,所找到的情节是具有跳跃性的,一会儿在前面,一会儿跳到后面,不能形成一个连贯的思路,而这样也就不能对文本有一个由浅入深的认识过程,所以这次课的引导作用也不理想。

几次的磨课中均不同程度地出现了问题,在第五次磨课之前,我们又一次展开探究。教师B说:"《狼狈》这个故事篇幅很长,太过发散的问题,学生把握不好,我们问题的提出必须是具体的,我们的引导也应该是循序渐进的。"教师A同意教师B的看法。同时教师A说:"这个故事有两条线,一条是狼狈战斗场面给读者的渐进的深刻印象,一条是作者对狼狈的态度的变化,我们可以从这两条线上引导学生深入理解文本。"

既然如此,我们就可以这样设置问题:围剿场面给你留下怎样的印象?学生能够根据自己的阅读给出相应的结论。教师可以引导孩子寻找体现激烈场面的句子。然后教师创设情境,让学生还原战斗场面,学生切身体会战斗的惨状,进一步体会到战斗的惨烈。在此之后,引导学生关注黄狼救助黑母狼的词句,体会黄狼与黑母狼之间忠贞的、不离不弃的感情。如此,学生就可以进一步感知到黄狼的死是惨烈的。这样以来,学生对文本的认识就远远超出了原来的阅读体会。

教师C接着说:"在学生交流的过程中,教师适时地引导学生去感知作者对狼狈的态度。如自己的猪被狼狈偷走时,他对狼狈的态度,应该是怨恨;他看到狼狈惨烈的处境时应该是哀怜;当他把狼夫妇深深埋葬时,应该是敬畏。这样一步步引导学生阅读,才使得学生在阅读及'悦读'中体会到作者的感受,了解了作者的写作意图。"

课后,课题组对这次的研究结果做了客观的评价,学生在课堂中对文本的认识不仅仅停留在文本的表层意思上,他们对作品的形象、语句背后的深层意思、作者的写作意图都有了深入的理解。教师在问题的设置上,注意到问题细致、准确,着眼点小,问题之间有层递性,这些符合初一孩子的年龄特点,符合学生的认知特点。

经过多次的备课研说,引导学生对文本的理解和认识是我们研课的出发点,学生思想认识的提升、能力的增强,养成良好的读书习惯和思维习惯是我们读书交流的最终目的。在学生的阅读中,教师的引导是必不可少的。因为学生的思考往往比较表面化,缺少深度,需要教师不断地追问、及时地创设情境,把学生的思维引向深入,使学生在阅读时有一种身临其境的感觉,真切地感受作品中人物形象的喜怒哀乐。

(三)生活化的校本,情智共生——地理校本课程的思考

陶行知先生认为:生活是教育的中心,教学不能脱离生活。课程标准中也提出地理教学要倡导"学习生活有用的地理,学习对终身发展有用的地理"。学校地理教研组围绕生活化有用的地理课程思想进行课程开发。

从学生最熟悉的校园生活开始,创设地理校本第一课——用地理视角看校

园。教师带领学生认识学校的周围环境,主要街道、周边大学、公交线路等。在生活中,很多人不会辨别方向。针对这个问题,我们开展了找"北"活动。以军训的真实情境为背景,认识即将生活四年的校园。《全日制义务教育地理课程标准》指出:帮助学生认识学校所在地区的生活环境,增强爱国、爱家乡的情感。因此,我们的课程就是介绍自己的家乡——哈尔滨。

下面以地理课程教材"我们的校园"部分为例进行说明:

1.认识学校周边环境

哈尔滨市第四十九中学始建于1963年,首批被评为省级一类学校。它坐落于哈尔滨市二环以内、香坊区文政街196号。学校占地面积14800平方米,校舍总面积为16330平方米。

2.认识活动

请学生阅读哈尔滨市城市交通图及卫星图。在图中找到哈尔滨市第四十九中学的位置,找出文昌街、文政街、王兆街等周边主要街道。请学生在图中找出哈尔滨工业大学、哈尔滨师范大学、东北林业大学、黑龙江省中医药大学等高等学府,并数一数有多少条公交线路途经学校周边,通过阅读及查找,简单评价学校周边的自然、人文及交通环境。

3.地理眼光看校园

当你走进校园时,对新学校了解多少呢?你知道你的班级在哪里吗?请学生们跟随教师,用地理的眼光了解一下自己将度过四年美好时光的新校园吧!

4.地理小百科

除了专题的校本课程,我们在日常的课堂教学中也关注生活元素,细致研究每节课的教材,提炼出每节中生活元素的切入点,在每节教案中也会有校本研修主题的呈现。

在平时的校本课中,我们也融入了很多生活元素,比如用橙子制作简易地球仪、用橡皮泥做山体不同部位、绘制校园的平面图、爱我家乡绘画摄影展等。学生的作品虽然略显粗糙、简陋,但是在制作过程中,学生的表情透露出的是一种快乐的情感体验,是一种情智共生的过程。

为了丰富学生日常生活,生活化有用的地理还走进了学生的家中。学生利用食用面粉制作地理中的等高线。而最常见的早餐切片面包,为地理课解决了建立立体与平面思维转化的难点问题。有的孩子们还在家里用生活常用或废旧物品制作地理模型。这些以日常生活为基础的活动,不但解决了学生们在疫情期间居家学习枯燥乏味的问题,同时还让孩子们感受到了收获成果时的喜悦,是一种情智的共生。在平时教学中,我们将日常生活与地理学习做成巧妙的链接,学习对生活有用的地理,也体现了地理课程要提供给学生与其生活和周围世界密切相关的地理知识,使所学内容不仅对学生现在的生活和学习有用,而且对他们的终身学习和发展有用。

如粤人版中学地理教材八年级上册第四章第一节"交通运输业"第一课,为使学生了解和掌握我国主要铁路干线的分布和高速铁路的发展变化,我们在课堂上采用合作探究法。

首先由教师创设情境,通过图片对比,使学生们感受铁路运输的发展变化。接下来引导学生畅所欲言,谈谈生活中人们对交通运输业的依赖,从而激发学生的学习兴趣,从身边的变化感受祖国的变化。其次,进入探索新知环节,帮助学生初步认识我国主要铁路干线,了解铁路交通运输近几年取得的成就,培养学生油然而生的民族自豪感。除了解中国主要铁路干线包括南北干线及东西干线之外,带领学生自主绘画重要铁路干线的起止点名称及重要的铁路枢纽。

培养学生的动手实践能力,有意识地培养学生的地理核心素养,使学生养成阅读地图、有效使用地图的基本地理素养。课外补充"四纵四横"及"八横八纵"的网络格局,补充黑龙江省近些年铁路的发展变化,特别是学生比较熟悉的高铁的开通对人们生活影响。补充介绍北京交通圈,首都的发展是我国发展的缩影,感受祖国的强大,爱国主义情怀油然而生。最后,补充生活常见的问题,如列车车次、火车票字母的含义、看懂列车时刻表等,在教师的引导下,让学生自己运用课程所学,设计五一铁路出行计划,发挥集体的力量,寻求办法,解决问题,体现地理学习为生活所用的理念。

（四）实践性的课程——化学中的解密

化学作为一门实用性很强的科学,不仅是人类认识自然的理论基础,还在生产生活和解决人类所面临的各种问题中发挥着巨大的作用。许多化学问题的提出、解决,都是化学科学和技术在生产生活实际中应用的结果。在课堂中让学生亲身体验化学知识与实际社会生活的联系,不仅可以培养学生的化学知识实践能力和创新能力,而且还可以使学生更深刻地理解化学知识对于现实社会的意义,逐步成为现代社会中具有较高科学素养的合格公民。

在本课程中,我们把诸多与社会生活相关的化学问题带入课堂,例如利用生猪肝和药店卖的消毒水（双氧水）制氧气,利用生活物品如煤块、木条、蜡烛、沙子、剪刀、湿帕子等探究燃烧的条件和灭火的原理,厨房里的化学知识的妙用等。在具体内容的编排上,按照建构主义学习理论,注意给学生营造真实的学习情境和兴趣,尽量采用研究性学习方式,让学生有效地建构自己的知识,在应用中学习,在学习中应用。

下面以化学课题"皮蛋中的化学"为例进行说明。

教师向学生展示一只剥了壳的皮蛋和一只刚买来未剥皮的皮蛋,并出示皮蛋加工原料的浸出液,让学生观察。教师提问:"你知道皮蛋加工原料的浸出液中的成分是什么吗?"

1.皮蛋的历史

松花皮蛋于明朝初年问世,距今已有六百多年的历史。据说松花皮蛋的制作技术是偶然发现的。相传六百多年前的一天下午，夕阳西下，鸭群归家。鸭棚就在农家后门，旁边有一建房时留下的石灰池，里面倒了一些烧柴灰。吃得饱饱的鸭子在池边生下了几个蛋，这些蛋不小心滚落在石灰池中。两个月后，主人在石灰池中意外地发现了石灰包着的鸭蛋，剥去蛋壳，里面的蛋白、蛋黄已经凝结。这石灰池中的鸭蛋吃起来口感嫩、味鲜美，只是稍稍有点涩口。主人想，石灰池中没有盐，如果在石灰中加些食盐，味道会不会更好呢？经过多次试验，他终于摸索出制作皮蛋的配方。

2.皮蛋的营养

皮蛋的营养成分与一般的蛋相近，其中的蛋白质及脂肪被分解，容易消化吸收，胆固醇较少。皮蛋略呈碱性，有中和胃酸的作用。不过也有一些维生素B及氨基酸被破坏了，同时，传统腌制的皮蛋中含铅量也较高，固不宜多吃。

3.皮蛋的制法过程

原料及质量要求：生石灰选块大、体轻、无杂质、氧化钙的有效含量不低于75%的生石灰。石碱（纯碱）选气孔少、纹理细密、结构严实的优质石碱。食盐要求氯化钠的含量在96%以上，一般以海盐或再制精盐为好。配制方法：根据生产规模的大小，按食盐、石灰、石碱1∶3∶3的比例分别称量，并加入少量黏合剂，然后充分拌和、拌匀即可。

4.古法制造皮蛋的原料

蛋：普通鸭蛋，以新鲜为宜，其实鸡蛋、鹌鹑蛋也可用以腌制，且需时较短。碱性材料：此系腌制皮蛋的主要原料，利用碱的作用使蛋白质变性，进而分解成氨基酸。旧法采用生石灰、草木灰、天然碱，均系利用其碱性，新法用苛性钠及碳酸钠，则作用更强，可缩短腌制周期。食盐：兼具调味和防腐之效。茶末：含有丹宁酸等色素，与制品色泽有关。氧化铅：通过反应生成的各种铅盐能够促进皮蛋的化学反应，使蛋液凝固同时也可防止皮蛋棕褐色的褪色或变灰白等。

讨论:(查找相关的资料)通过上述对松花皮蛋制作过程的了解,相关的原料相互之间发生了哪些化学反应呢? 通过探究与讨论学习有关物质的性质、共存可能性和检验根据上述反应及实际操作情景,你认为原料浸出液中含有哪些主要成分? 你怎样来验证自己的结论? 通过探究与讨论,学习氢氧化钠和碳酸钠的检验及如何设计实验来排除对碱性的干扰。

小结与拓展学习:皮蛋中的松花是怎样形成的?

课外活动:腌制皮蛋。

通过学习,初步建立起一个以创新精神培养为核心,以学生生活为基础,以解决学生生活中的基本问题为根本出发点和归宿,重视学生的直接体验和感受的具有开放性、生活化特征的化学校本课程开发与实施的评价体系。将培养学生创造精神定为学校校本课程开发的基本方向。立足学生生活,从日常实际出发,将研究成果作为国家课程的补充,在课堂教学中进行补充与渗透,学生还可以通过课外阅读来加深对"化学是人类进步的关键"的理解,从而培养学生对化学的广泛而浓厚的兴趣,学会发现问题,提出问题,分析问题和解决问题。

(五)语文校本教材设计课例

为使学生们深入学习诗人辛弃疾的主要作品,提高学生诗歌鉴赏能力,特选取《青玉案·元夕》《永遇乐·京口北固亭怀古》作为校本教材内容。

针对《青玉案·元夕》的学习,课堂设计了知词人、解词题、明词意、想意境、展思绪五大环节,以帮助初学诗词的同学对创作背景、文义有所了解,从而感受诗词意境之美。

在"知诗人"环节,教师调动学生自主学习探究的积极性,要求学生运用多种方法去了解诗人生平,并与全班同学交流分享;在"解诗题"环节,教师介绍词牌"青玉案"的由来,并由此引出诗词创作背景,帮助学生更好地理解辛弃疾面对国难当头、朝廷只顾偷安的现状,英雄无用武之地,而又不肯与苟安者同流合污的自我写照;在"明诗意"环节,教师针对重难点词语短句进行释义,帮助同学理解全文文义,引导学生自主串联翻译全文,并尝试使用优美的语言诠释诗歌;在"想意境"及"展思绪"环节,引入王国维的治学三重境界,并运用于本课的教学之中,引导学生深入思考本课的三重境界各为何物,逐层分析感受,最后带领学生总结全词,从极力渲染元宵节绚丽多彩的热闹场面入手,反衬出一个孤高淡泊、超群拔俗的女性形象,寄托着作者政治失意后,不愿与世俗同流合污的孤高品格。

针对《永遇乐·京口北固亭怀古》的学习,课堂设计了解词题、明词意、想意境、展思绪、稼轩名句五大环节,通过前课的学习,学生们已对诗人其人有了较为深入的了解,因此本节学习中,教师针对诗歌创作背景进行介绍,使学生们了解到作者辛弃疾的政见未引起当权者的重视,他来到京口北固亭,登高眺望,怀古忆昔,心潮澎湃,感慨万千之时写下了这篇千古传诵的杰作。在"想意境"及"展思绪"环节,引导学生感受词人用历史影射现实,隐隐表达自己的担忧:诗人把自己比喻成廉颇,表达了自己虽然已入暮年,但抗敌的雄心壮志依然存在的情怀。最后,在"稼轩名句"环节,拓展辛弃疾诗词名句集锦,使学生更好地了解辛弃疾其人及创作风格,帮助学生拓展知识。

通过以上教学实例可以看出,学校在基础型课程改革方面不遗余力,各学科、各年级积极调动师生情绪,创新教学方法,改变课堂生态。因地制宜,研发适性本校各年龄段学生的课程内容。这些特色课程内容,体现学校的特色育人目标,学生在探究式学习、实践式学习中不断生长,使他们的"五致"(致美的身心、致深的学养、至善的品格、致新的思行、致上的追求)方面得到长足发展,为培养创新型人才发挥基础性的作用。

第五章

体验型课程的专业化管理

　　德育是学校教育的灵魂,学校始终坚持以德育为首。体验型校本课程以立德修身课程为主线,以生活情境体验式的育人方式,改变以往品德教育"授受式"的强制灌输和死记硬背,从机械模式化教育转向以"生命"为关注对象的教育过程,呈现回归学生现实学习生活的趋势。这改变了过去碎片化、随意式的活动模式,从一项项单一的活动转向了多元化、科学化、体系化的德育体验型课程。学校以中小学生品格提升工程的实践研究为抓手,以新时代中学生身体心理、学识素养、善良品格、行为品质、价值追求等为重点,坚持全员、全程、全方位育人,开发了"五致"体验型课程,形成立体化的生态德育工作格局,全面落实立德树人根本任务。

·········第一节
体验型课程的构建依据与确定思路········

在品德教育的过程中,单纯说教的方式缺乏亲身体验,这样的品德教育注定是低效的。学校教育工作必须围绕教学内容创设活动的情境,并以此来引导学生们积极参与到活动中,在活动的过程中向学生们渗透德育,使学生在活动体验中有所思、有所想,从而获得道德层面与精神领域的升华。

一、体验型课程的构建依据

教育所面对的,不是空洞的、抽象符号意义上的人,而是一个个鲜活的、不断成长的生命个体,而教育的目的就是激发和引导他们的自我发展之路。每个学生身体里都有许多沉睡的"细胞",有待激活或唤醒,其内在的情感、智慧,成为一种源源不断的唤醒力,为学生的可持续发展赋能。

伴随着"立德树人"根本任务的有效践行,伴随着新一轮课程改革深水区的步入,学校的课程建设、课程开发、课程内容,应越来越与学生的发展需求相契合,学校课程要成为满足学生未来发展的五彩跑道。不同的课程的浸润,也将催生学生形成不同的思维模式和行为方式等文化特质。学校以"情智共生,释放师生潜能,为学生的可持续发展奠基"的办学理念为指导,依据学生成长的需求支点,开设了多元的、富有内涵的课程,助力学生在漫漫的成长路程上,遇见最美的自己。

　　教育的根在哪里？教育的道是什么？学校为青少年的成长可以提供哪些特殊课程帮助,让他们在丰富多元的课程资源中,修身立德,健康成长？哈尔滨市第四十九中学在学校课程的体验型课程中将过去碎片化、随意式的教育活动转变为具有顶层设计、科学完善的课程体系。让教育从言育、行育走向心育,从人治、法治、走向自治。我们希望若干年后,学生如果将学校、老师给的一切知识都忘记了以后,剩下的那部分内容就是学校的文化密码。

　　我们构建既具有国家国际的视阈高度,又立足于学校办学的核心理念的立德修身课程体系。学校将习近平总书记提出的"坚定理想信念、厚植爱国主义情怀、加强品德修养、增长知识见识、培养奋斗精神、增强综合素质"六个方面作为总领,学校围绕"释放师生潜能,为学生的可持续发展奠基"的办学理念,依据"情智共生、奋翮永翔"的学校精神,对学校、社会、家庭各方面教育资源进行要素整合。我们聚焦学生发展应具有的思想、品格、品德、修为等开设"五致"教育。

　　"五致"德育课程中的"五致",是指"致美的身心、致上的追求、致善的品格、致深的学养、致新的思行"。"致美的身心"是健康的心理、乐观的态度、感恩的认知,健壮的体魄,是对生命的理解与珍爱,是艺术对学生的浸润和影响。"致上的追求"是对自己学习、生活等科学的规划,是对人对己的责任、担当,是立根树魂的家国情怀。"致善的品格"是与他人友善相处、合作互助发展、带给别人温暖与帮助,珍爱自己善待万物生命,与自然和谐相处。"致深的学养"是对于学习、学会知识并有丰厚的底蕴,会学习具有科学的学习方法,形成很好的问题意识、思考价值、探究能力。"致新的思行"是对事物保持持久的好奇心,建立较好的学科思维,具有创新探究能力,并具有运用知识综合解决问题的能力。

立德修身的德育课程也体现观念润塑、习惯知行、美育涵养、合育探索的作用。系统科学地构建出能够彰显"情智共生"特色的课程体系,作为独特的"四九文化"密码,育人目标更全面、更清晰,也更易将其根植心灵。各维度之间相互作用转化,可以内塑学生中华优秀品格精神,外提核心素养和形象,使其成为"四九文化"密码永恒的解读者。

德育校本课程能够启迪、释放育人潜能,既构建了多元性、科学性的教育方式和渠道,又丰富了教育内容的内涵性,提升其实施的有效性。"五致维度"情智德育校本课程内容上具有"五融"的特点:融新于持、融情于境、融思于学、融术于道、融汇于通。即在传承的基础上融合富有时代气息的教育元素,在富有情境的课程体验中促思考、寻规律。在课程的实施上呈现"四兼"的特点:教师资源校本与外请兼顾、选修与全员兼顾、特长与爱好兼顾、评价与展示兼顾。学校努力让情智德育校本课程成为每一名学生向往的文化精神园地,学生将在这里把"四九文化"密码根植于心灵,积蓄内外兼修的力量,编织出美好的前程锦绣,成为哈尔滨市第四十九中学的一张名片。

二、体验型课程的确定思路

教学目标既是教学的起点,也是教学的归宿,是教学的灵魂所在。它在整个教学过程中起着导向、激励、引领、标尺的作用。教学目标是课程目标的进一步具体化,是指导、实施和评价教学的基本依据,是衡量教学质量的标准。因此,学校体验型校本课程目标的制定过程中,具有以下思考:

(一)兼顾三个方向进行全面研究

目标制定时兼顾了三个方向:兼顾对当代学生兴趣点与发展需求点的研究,对当代社会生活实际的研究,对学科教育教学专家的指导建议的研究。每一项课程确定后,都要在全面思考学生各方面情况和需求的基础上,把对社会生活研究中所得信息和其他来源的信息结合起来,参考本领域专家的论著观点综合考虑,慎重、准确地制定本门课程的教育目标。

（二）依据五项准则进行有效选组

大量的目标需要依据五项准则进行筛选、组合。五项准则即问题性、情境性、整合性、连续性、顺序性。针对青少年存在的共性问题,赋予产生"问题"的生活、社会情境,先对共性目标进行整合,在依据目标的层次、大小、关联进行科学构建,最终确定本科目的总目标、阶段目标、课时目标。

（三）按照三维角度进行科学设定

课程目标包括"趣、品、能"三个维度,这是作为教师设计教学目标、衡量学生学习水平时的重要参考依据。在确定教学目标的内容范围时,一定要全面考虑三个维度,不可有所偏废。而在具体的体验型课程中,教学目标又要有不同的侧重点。表5-1为"四九记忆课程"目标制定思路表。

表5-1　"四九记忆课程"目标制定思路表

确定"四九记忆课程"目标的原则	
学生当前兴趣点与发展需求点的研究	兴趣点:与同学相处的过程中,有关于衣食住行学等多元话题与丰富的相处经历;与教师的相处过程中,有关于喜怒哀乐的相处故事;学校多元的课程活动,学生在充分的体验中能够收获到感悟;学生具有强烈的班集体荣誉感、以及爱校精神等
	发展需求点:学生应该从学校生活经历中汲取到更为深刻的情感收获和道理收获;学生应该具有透过现象看到本质的智慧思考;学生应该在学校生活体验中提升审美、艺术、表达等多元的能力;学生应该建立集体归属感,并以此为基础生成家国归属感等
对当代社会生活的研究	社会生活多元快速发展,制度观念、电子科技、时代热点、潮流发展等都对学生有巨大的影响
学科专家的指导建议	学生发展应该是顺应社会、顺应国家发展的,应该成为具有丰富情感能力和深入思考能力的生命体

续表

	"四九记忆课程"各阶段目标以及具体课时目标
课程总目标	培养对班集体、学校的归属感,具有集体观念、责任意识;能够关注生活、感悟生活,关注自身在集体中的成长;提升审美、艺术、表达能力
课程阶段目标	六年级:关注班集体发展、学校发展;培养班集体凝聚力,对学校产生浓厚的热爱之情 七年级:关注班级、学校中的人与事,能够抒发出个人的所思所感 八年级:能够传播分享身边具有正能量的人和事,汲取更加丰厚的成长营养 九年级:能够将自己对学校的感情、在校成长经历完整地记录下来,并以此启迪未来的自己
	"四九记忆课程"之"努力成为你的样子"课时目标
趣	通过观察体验、学校新闻、教师介绍、校友介绍等方式,搜集素材;回忆与学校人物(教师、同学、学校工作人员)相处经历,唤起学生的共鸣
品	激发学生爱班级、爱学校、爱社会、爱祖国的浓厚情感;能够关注生活、热爱学校生活,感悟生活的美好;学习优秀人物的品质,汲取青春成长的正能量
能	通过课程讲解、互动交流、启迪回忆等方式引发深入思考;能够用具体生动的文字记录事件,抒发个人的情感收获;能够朗读、讲述这段经历,通过活动展示、电子班牌等方式分享学习感受;不断更新个人发展的目标,内外兼修、追求卓越

人所拥有的知识,只有通过体验才能对其印象深刻。学生的综合素养同样如此,学生的思想道德品质需要在文化知识教学中不断渗透,并通过长期培养,日积月累地使良好的道德品质与行为习惯融入学生的性格结构中。知识的积累通过时间可以慢慢形成,而得到素养的升华则需要实践帮助,并通过实践来检验。

.........第二节
体验型课程体系框架内容

我国教育家陶行知先生提倡"生活教育",主张在生活中教会学生做人,做好人。在理论的支撑下,我们试图通过对"五致"德育课程的研究,将德育与学生的主动性实践体验结合,探索出一套适合中学生的课程体系,为其他学校课程建议提供行之有效的参考。

社会主义核心价值观为德育工作指明了目标和方向。教育部印发《关于培育和践行社会主义核心价值观　进一步加强中小学德育工作的意见》,要求培育和践行社会主义核心价值观,要改进课程育人,开发有效的学校课程,丰富学校德育资源,将积极的情感、端正的态度、正确的价值观自然融入课程教学全过程。校本化行动研究有利于建设一套学校德育课程体系,为中学阶段培育和践行社会主义核心价值观提供课程育人、实践育人的载体,帮助社会主义核心价值观在青少年心中落地生根,进而促进全社会对社会主义核心价值观的理解和践行。

美国心理学家斯坦利霍尔认为,青春期是情感躁动、心理风暴与压力并存的一个时期。在现实生活中,学生对网上聊天、网络游戏特别着迷,物质上穿戴名牌,生活上衣来伸手,性格上骄横任性,和父母顶撞,心理上比较逆反。这些问题是伴随着孩子们青春期的到来而来的。各种生理、心理问题使青少年困惑、躁动,他们的身体发育逐渐走向成熟,但是心智却远远没有成熟,因而出现了各种各样的问题。这表明中学阶段既是青少年形成人生观、价值观的重要时期,同时又是容易产生不良品行甚至走上歧路的"分水岭"。正因为如此关键,我们才更应该在德育理念、内容、形式、路径上做出更贴近时代、贴近学生、贴近科学的研究和探索,让学生在体验中寻求感悟,在活动中有所反思,让学生把做人、做事的道理内化为良好行为习惯,并形成长久稳定的爱国、敬业、诚信、友善的公民价值准则,从而帮助学生调适生存状态、生活方式、学习兴趣、思维习惯,为中学生健康顺利地度过"风暴"与躁动并存的中学阶段提供帮助。

基于此,学校德育课程体系建设坚持从注重德育者的"教育"向注重学生的"体验"转变,从课程内容、课程形式、课程教学等方面统筹设计。课程内容是课程体系实施的核心,课程形式是课程体系实现的外在表现,课程教学是课程体系实施的纽带。三个维度有机融合,缺一不可。

课程内容具体而言,其框架可合称为"五致",即"致美的身心、致上的追求、致善的品格、致深的学养、致新的思行"。

五个维度下分别有五大课程模块。"致美的身心"维度中的课程内容分别是生命教育课程模块、情绪管理课程模块、劳动教育课程模块、艺术社团课程模块、体育社团课程模块。"致上的追求"维度中的课程内容分别是红色基因课程模块、生涯规划课程模块、影视赏析课程模块、节日文化课程模块、励心启智课程模块。"至善的品格"维度中的课程内容分别是成长礼仪课程模块、社会公德课程模块、职业体验课程模块、志愿服务课程模块、人与自然课程模块。"致深的学养"维度中的课程内容有学风养成课程模块、语言能量课程模块、历史讲坛课程模块、书法文化课程模块、经典阅读课程模块。"致新的思行"维度中的课程内容有地域采风课程模块、航模兴趣课程模块、科学实验课程模块、社会实践课程模块、电脑编程课程模块。

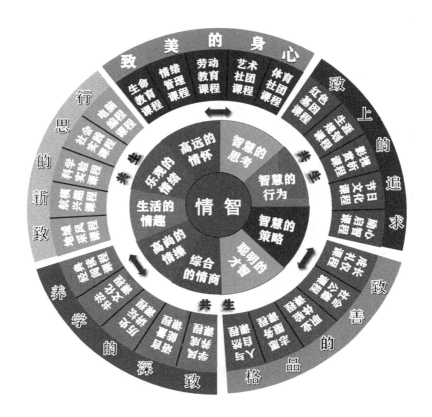

图5-1　情智目标导向下的"五致"体验型课程结构图谱

这些课程以情智目标为导向,系统科学地构建出具备彰显情智共生特色的课程体系,在各种课程的浸润下,使学生在学习和生活中能够有智慧的思考、智慧的行为、解决问题时有智慧的策略。同时也培养学生具有高远的情怀、乐观的情绪,建立健康的生活情趣,具有高尚的道德情操。

体验型课程是指用自己的生命来验证事实、感悟生命、留下印象。体验到的东西能使人感到真实、现实,并在大脑记忆中留下深刻印象。本课程所说的体验性,就是要强调学生在活动的过程中产生真实、现实的体验,为其价值观的形成留下深刻印象。为实现体验性的课程形式,一是设计实施路径时,在课程形式上设计要便于学生产生体验；二是在学生进行活动设计时，务必指导学生自主设计，考虑到学生怎样参与到活动中去进行相关的"体验"；三是为"体验"搭建表达的舞台，通过"体验—展示—交流—碰撞—提升"，来实现课程目标。

朱小蔓教授指出："我们所做的应该是关心学生心灵成长的教育。"在培育和践行社会主义核心价值观的教育活动中如何关注学生的心灵成长？我们在中学阶段找到了这一切口，建设的"五致"德育课程体系，以期贴近中学生认知最近发展区，契合中学生的心灵成长需求，以自主性、体验性、丰富性、系统性的策略为青少年的健康成长奠基。

·········第三节

体验型课程的分支构建·····························

    实施课程改革,建设具有丰富学生生命体验的特色课程,是提升学校办学水平的首要任务和内生需求。哈尔滨市第四十九中学继承多年优良传统,开拓创新,逐渐形成了"五致"体验型情智德育校本课程,最大限度地促进了学生的全面成长。

    现代心理学研究表明:阅读的信息,我们能学习到10%;听到的信息,我们能学习到50%;但所经历过的事,我们能学习到80%。这证明了只有经过亲身体验,我们才能有效地把学到的东西悟出来。德育课程体系的含义是指在课程内容的框架指导下,以学生自主设计、自主组织、自主体验、自主提升为主要流程,通过观察、调查、品味、动手、研讨、辩论、展演等丰富多样的活动方式,给学生强烈的文化、心理和生命的体验,让学生通过心灵的体验加深对价值观的感知和认识,从而产生强烈的道德内驱力。

    体验式德育注重的是学生的切身感受,他们是在教师的启发或引导下主动参与活动的。学生在与教师、同学互动的过程中,对某一个事物有了自己切身且独特的体验,这对于培养学生的自信、锻炼学生情绪的自我控制能力有着积极的作用。体验式德育比说教式德育内容更加丰富,学生的感受更加真实与独特,这能促进学生将全面发展的要求内化成其自身的素质。

"体验型"课程建构流程指的是针对学生的成长心理和特点,在满足学生视、脑、手需求的同时,是培养学生观察力、注意力、想象力、创造力、思维能力、鉴赏能力和操作能力等一套科学的方法。

在体验型情智德育校本课程中,课程之间存在着一定的逻辑关系,或者属于同一个类别,或者属于生命发展的几个发展基点,或者体现出动态的发展趋势。

例如"五致"德育课程中通过横向链接或拓展还可以形成指向学生观念润塑类、习惯知行类、美育涵养类育人课程。

如观念润塑类可以分成三个类别的课程,这三个类别的课程彰显各自的价值,即国家精神升华生命价值、人文底蕴积淀生命厚度、自我激励绽放生命光彩。三类课程体现了从大到小、从国家到个体、从文化到科技、从情感到智慧等逻辑顺序。

国家精神升华生命价值。学校开设红色基因课程,以其中的民族精神课程和国防军事课程引导学生牢记历史、勇担使命。学校在民族精神课程中不断挖掘国家重要纪念节日中的文化内涵,燃情促思。

人文底蕴积淀生命厚度。传统文化课程、未来视域课程、人文天下课程,纵横古今、放眼世界,采撷文化智慧,厚植文化根基,积淀生命厚度。课程的开发是以学科课程为基础,使学生在日积月累中得到文化熏陶,在感悟思考中升华人文精神。学校将展示活动作为评价载体,相应开展课程成果展示活动。例如传统文化课程中的汉字赏写、经典赏读等展示活动,这成为课程保持活力的持续动力。

自我激励绽放生命光彩。社会公德课程、集体归属课程、生命教育课程、语言能量课程、励心启智课程,这些课程关注社会、集体、家庭、自我四个基点,在学生的各个成长空间中、成长节点上培植积极的道德观、集体观、生命观、成功观,情智共生,奋发有为。

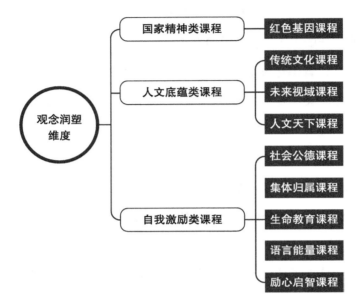

图5-2　观念润塑维度三类课程示意图

立德修身德育课程体现纵向有维度,横向有序列,每个序列分支之下又设有相应的课程。这是为了确保课程能够契合学生兴趣、满足发展需要,能够有效支撑维度、确保课程完善、发挥学校优势、发挥教师特长等,让学生在更为多元的课程中获得更为丰富的体验。

完整的教育不能只停留在课本层面,体验课堂是对传统教育的一种弥补。以上体验课程设计是基于不同阶段中学对体验课程的需求,充分依托学校丰富的教育资源,开发相适应的体验模块内容。在设计模块时,充分考虑体验者对知识和技能的认知和接受能力,同时也考虑课程实施者的需求,模块内容切合需求、通俗易懂,学习要求清晰、考核方法有针对性,易于实施和评价。

如下为横向指向学生观念润塑的课程分支示意表：

表5-2　观念润塑维度课程分支示意表

课程	课程类别	课程名称
观念润塑维度课程种类	语言能量课程	心阅四季课程
		演说励志课程
		辩论思辨课程
	集体归属课程	精神印记课程
		四九记忆课程
	红色基因课程	国防军事课程
		纪念精神课程
	生涯规划课程	学业规划课程
		发展规划课程
		人生规划课程
	现代科技课程	航模兴趣课程
		信息技术课程
	自然生态课程	生态文明课程
		动物保护课程
		生物资源课程
	传统节日课程	中秋节日课程
		清明节日课程
		重阳节日课程
	传统节日课程	端午节日课程
		元宵节日课程
		春节节日课程
	人文天下课程	冰城文化课程
		地理采风课程
		历史讲坛课程
	毕业系列课程	百日誓师课程
		冲刺520课程
		毕业典礼课程

教育是民族振兴和社会进步的基石。体验型情智德育校本课程体系根植于民族文化,行进在现代社会之中,以泛在学习环境为基石,以丰厚的教学资源为支撑,大力挖掘学生潜能,最大限度地推动学生自由、全面成长,最大可能地提高创新之源,以期为民族复兴提供绵薄之力。

·········第四节
尊重情感体验：
体验型课程的实施策略与案例··················

　　学生是国家课程校本化和学校课程开发的最终受益者，学校在强化知识的实用价值时不可忽视学生个体差异的存在。因为每个学生的身心发展特征、兴趣不同，所以学校在课程内容制定与实施特点、实施策略及评价的机制和方式等方面要充分尊重差异、创造环境、发展学生，形成良性育人模式。本节附以学校具体案例以供参考。

一、体验型课程内容制定与实施特点

　　体验型德育校本课程能够释放育人潜能，这既在于构建的多元性、科学性，也在于内容的内涵性以及实施的有效性。"四九情智"德育校本课程内容上具有"五融"的特点，即融新于持、融情于境、融思于学、融术于道、融汇于通。这是在传承的基础上融合富有时代气息的教育元素，在富有情境的课程体验中，促思考、寻规律。"四九情智"德育校本课程在实施上具有"四兼"的特点，即教师资源校本与外请兼顾、选修与全员兼顾、特长与爱好兼顾、评价与展示兼顾，竭力让课程成为每一名学生向往的文化园地。

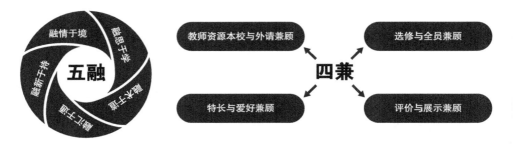

图5-3 德育校本课程"五融"与"四兼"的特点

如红色基因课程包括民族精神课程、国防军事课程,学生在系统科学的课程内容中学习体验,以红色文化涵养精神家园,在红色文化熏陶中践行社会主义核心价值观。在民族精神课程中,一项重要的体验课程就是纪念"一二·九"爱国运动课程文化展示活动。这一活动从2005年至今已经有十七个年头。十几年里,在课程内容及实施过程中,学校在"持"的基础上,不断融合"新"的元素。首先是场地的更新,这一活动最先在教室举行,后来走进学校的多功能厅,2012年起,登上少年宫的绚丽舞台,进行现场呈现式演绎。其次是主题与时俱进,学校每年都契合当下的热点确立主题,紧跟时代发展的脚步。学生通过自编、自导、自演,切身感受时代的强音,感受祖国的蓬勃发展。通过视频音乐、道具美工、灯光声效等综合运用,融合语文、历史、美术、音乐等各学科知识和美学知识,提升创新能力及审美表现能力。

如下为近几年红色基因课程文化展示主题表:

表5-3　红色基因课程文化展示主题表

时间	主题	形式	育人价值
2012年	学习十八大精神,歌唱祖国	多元形式的合唱	学生通过自编、自导、自演,切身感受时代的最强音,感受祖国的蓬勃发展;通过视频音乐、道具美工、灯光声效等综合运用,融合语文、历史、美术、音乐等各学科知识和美学知识,提升创新能力及审美表现能力
2014年	我眼中的社会主义核心价值观	以核心词为主题演绎	
2015年	纪念世界反法西斯胜利七十周年暨抗战胜利大型诗会	多元形式的诗歌诵读、舞台剧	
2016年	纪念红军长征胜利八十周年	多元形式的情境表演	
2017年	不忘初心跟党走,担当使命报国家	多元形式的舞台剧	
2018年	共享改革开放丰硕成果,谱写青春一代华彩乐章	不同时期生活、生产、文化等情境表演	
2019年	国之记忆行——庆祝中华人民共和国成立七十周年	情境表演、话剧表演	
2021年	遵循红色印记,赓续百年薪火	建党百年,大型主题情景剧表演	

课程实施过程中,班主任全员参加集体备课,共议"课程中,如何能够让体验更加充分",最终明确了要点:调动参与,将学生作为设计的主体;广泛搜集资料,在交流之中丰富情感;教师点拨,升华学生情智的高度;自选角色,揣摩人物的精神世界;精心排演,竭力创设契合的情境;鼓励引导,获得成功的幸福体验。

每个班集体都以智慧的思考将其中的文化内涵加以解读,学生在排、演、观、思的过程中,融情于境、融思于学、融术于道,融汇于通,升华爱国情感、树立报国之志。

2019年恰逢中华人民共和国成立70周年，在这样重要的时间节点，学校确定了"国之记忆行"这一主题。师生们需要回溯历史，去追寻国家一路发展的铿锵步履，去感受国家精神、国家脊梁带给我们的情智启迪。六、七、八年级的三十五个班集体以不同时代背景为演绎内容，以多元的形式为呈现方式，将"红色基因课程"以学生们喜闻乐见的表演方式呈现给现场观众。舞台上学生有的演绎抗战及英雄人物的感人事迹；有的装扮成20世纪70年代的学生，在教师的带领下一步步完成自己的小目标；有的扮演成救援官兵，还原地震救援现场的感人场面，还有的以自己的视角去关注国家精神、国家脊梁。行走在一段段镌刻在国家记忆中的历史中，抗战精神、抗洪精神、科技创新、女排精神等化作学生的红色基因，启迪学生励志成才的报国之志。

2021年恰逢中国共产党建党百年盛世，学校开展了形式多样、触动心灵的"红色基因"课程成果大型展演活动，班班进行展演，从剧本的构思创编以及生成、音乐的选编、台词的精心设计、服装的选择……都是班主任和学生们群策群力独创的结果。活动将语文、历史、政治、音乐、美术等各种学科进行了有机整合，展现出了师生非凡的智慧、独具匠心的创造力和引人入胜的展演力。

例如：师生自主创编歌曲《党啊！我是你的花蕾》，不但校园内人人传唱，合唱社团也将这样的红色旋律在省市区的庆祝活动中演唱；自主创编舞蹈《我的长征》，舞蹈表演极具感染力，触动观众心灵，也摘得了国家、省市区等多项大奖；以"追寻红色印记，赓续百年薪火"为主题的红色基因课程大型展示活动，各班学生解码中国共产党红色精神谱系，从红船精神、井冈山精神、长征精神、延安精神、抗战精神、红岩精神、五四精神、抗美援朝精神、雷锋精神、两弹一星精神、北大荒精神、抗疫精神这些典型精神中讴歌演绎，弘扬党的思想信念、精神品格。

二、体验型课程内容研发与课程特点

体验型课程不是简单地参与活动,而是在活动体验中实现知、情、智、行四要素的和谐统一。这就要求课程研发团队、实施人员具有非常强的设计实施能力,更要求实施策略科学有效。因此,学校在体验型课程内容研发与管理策略上,需要做好以下几点:

(一)研发团队要广泛而有效地听取各方面建议

每一门课程都需要一支具有高涨的课程热情、强烈的研究意识、丰富的实践经验、有效的实施能力的研发团队。因此,每门课程的研发团队都是经过遴选产生的。如"影动我心,听生命拔节的声音"影视赏析课程的开发,需要团队在研究时,本着"由观走向赏"的态度,引导学生如何去欣赏,并在赏析中学会成长。真正体现"影中品情""影中析理""影中询问",让学生在优秀作品的浸润下,成为心怀天下、懂得感恩、珍惜亲情、热爱生活、迎难而上的"健康"青年。影视课程的研究团队如表5-4所示:

课程研发团队成员由校长、德育副校长、德育主任、团委书记及班主任等人组成。在具体的课程研发讨论过程中,首先要在课程的育人目标、育人意义上达成共识,再对课程结构和课程内容形成共同的价值认同,并对课程实施过程进行细致的思考、充分的研讨,最后对课程的评价方式进行讨论确定。成员之间既有分工,又有协作与沟通,从而使整个组织形成了一个密切的有机整体。这不仅为整个学校体验型校本课程的开发提供了必要的支持和保障,还能为学校德育校本课程的开发提供支持和服务,增进成员之间的交流、对话和理解,增强组织的凝聚力。

表5-4　影视课程研究团队展示表

职务	人数	入选理由
校长 德育 副校长	2名	有多年班主任经历，对学校课程建设具有深入研究的意识；作为学校影视赏析课程开发的提出者，对此项课程具有一定的研究基础；具有顶层设计能力和组织、协调研发团队成员的能力
德育 主任	2名	作为管理人员，能够带动课程的实施推进；了解学生的心理特征、行为现状；具有影视评析的意识及能力
		在常规管理中，能够关注到全体学生的课程参与状态；负责特殊学生的教育工作，了解特殊学生的心理需求；能够承担为班集体充实影视视频资源的工作任务
团委 书记	1名	能够承担每月影讯宣传海报的制作工作；能够承担为班集体充实影视视频资源的工作任务；了解学生的喜好特点
班主任	多名	六年级班主任，了解学生的心理特征、行为现状；自身非常热爱影视，具有通过影视作品教育学生的习惯
		七年级班主任，了解学生的心理特征、行为现状；具有教育智慧，注重丰盈学生体验；影视爱好者
		八年级班主任，了解学生的心理特征、行为现状；同时是八年级的学生家长，了解孩子心理成长特点；影视爱好者
		九年级班主任，了解学生的心理特征、行为现状；思想深刻，具有课程研究的意识和能力；影视爱好者

（二）实施人员要进行专业而深入地研究

许多体验型课程的实施人员往往是由学校管理团队成员或是班主任担任，他们的缺点是缺少此方面的专业能力，但是与学生生活接触密切、充分了解学生、学生更易信服则是他们的优势，而这也是其他专业教师难以做到的。因此要想确保课程的有效实施，这类实施人员必须要进行专业而深入地研究。

如情绪管理课程是学校自主研发的一门课程，课程中融合了心理课、道德与法治课中的相关学科资源，但是这门课程的实施人员并不都是心理、道德与法治课教师，而是与学生最为亲近的班主任。这就给班主任带来了巨大的挑战，班主任必须在对心理课、道德与法治课有深入研究的基础上，切合学生实际的案例，调动学生的情感体验，以智慧引领学生，使其掌握科学有效的管理"积极""消极"情绪方法，从而让学生养成健康积极的情绪习惯。在愤怒情绪教学课时中，班主任首先引导学生回忆自己生活中有关愤怒的回忆，描述自己或别人愤怒时的身体动作和表情，再详细讲述愤怒情绪给自己和别人带来的危害。

在日常生活中应该如何有效控制自己的愤怒情绪呢？班主任以生动的案例引入，请学生们模拟父亲和儿子的表情、动作、语言和眼神，再现父子之间的"开关门大战"。表演结束后，学生们通过分析和出谋划策，总结出"制怒四部曲"。第一，深呼吸；第二，放轻松；第三，换位想；第四，找办法。课程研发团队的教师针对学生青春期的心理特点，围绕厌倦、嫉妒、焦虑、悲伤、愤怒、虚荣、冷漠、恐惧等学生极易出现的负面情绪问题，从心理、思政德育等角度整合，进而设计课程。情绪管理建设课程中涉及专业心理知识、学生案例，以及教师自行设计的课例，教师从多角度引导学生成为情绪的"主宰者"，进而做到时刻保持平和的心态，和别人友好沟通，解决我们面对的各种矛盾冲突，进而成长为身心健康、知行合一的青少年。

（三）课程潜力要得到最大限度的挖掘释放

许多课程中除了具有常规性、共识性的教育作用，也具有潜在性的教育效果。

在课程内容的制定与实施过程中，教师要最大限度地将其中所蕴含的教育潜能挖掘出来。如旅游印象课程中，我们常规的认识就是，这门课程可以通过学生的旅游经历，感悟祖国山河、世界风光、自然风景的美好。但是经过对课程潜在教育因素的挖掘，我们会发现其中蕴含着极其丰富的综合素养教育。学生在旅游规划时要考虑多种因素，在后期的汇报中，会涉及路线选择、出行工具、气象知识、植被和土壤等地理知识，还有文化历史知识、消费观念，旅游过程中的美好感知、文明礼仪、家国情怀、命运共同体思想等。这体现了"让每一名师生，在每一个生活瞬间都有美好回忆、成长收获、人生价值"的学校发展愿景，使学生们在更广阔的体验环境中丰盈情智。

（四）情境创设要具有真切而感动的效果

学生是活生生的、有丰富情感的人，因此体验也是一种带有浓厚情感色彩的心理活动。学生在对某一客观事物进行感知的过程中必然伴随情感的发生，因此为学生的体验创设真切、易于感动的情境尤为重要。在创设情境过程中，要注意时代感和仪式感。

学生喜爱当下的流行时尚元素，如果课程内容不能满足学生的心理需求，那这样的情境就无法带给学生真切的情感体验。体验式课程可以在课程名称、课程形式、课程内容、课程评价等方面上进行精心创设，也可以引入时代元素、融入文化要素等，让学生如临其境。

如语言能量课程中包括心阅四季课程、演说励志课程、辩论思辨课程，课程形式上借鉴了几种学生喜爱的栏目形式：心阅四季课程——《朗读者》，演说励志课程——《我是演说家》、辩论思辨课程——辩论赛。将这些时尚的、学生喜爱的电视节目形式引入课程中，可以带给学生新奇感，激发他们体验的意愿。在形式具体的设计上，力求为学生创设出真实可感的情景。演说励志课程中，决赛采用导师制，七位导师为学校中朗读能力非常强的教师，导师可以选择自己的学员，当有多位导师选择同一位学生时，学生反过来选择导师。最终学生会在导师专业、具有针对性的指导下，有效提升其思想性、表达力。正是因为这样具有时代感的课程形式，更多学生都开始希望自己能够参与到这门课程的学习体验中。

仪式感是人们表达内心情感最直接的方式，是人的精神情感和身心得到双重愉悦的方式，可以让人们记住一些重要时刻。在体验型课程的实施过程中，学校重视仪式感的情境创设，让学生获得丰富的情感体验。例如四九记忆课程中会有一项仪式,就是学生佩戴带有学校校徽的名牌,以提示学生自己将与学校成为荣辱与共的一家人。竞技擂台课程中,每一个项目的擂主,都将有一个具有仪式感的颁奖仪式,教师们还会为他们制作宣传海报,这更加丰富了学生的课程体验。

(五)思维引领能够产生深远的影响效应

情感体验比较直接,但是思维的提升往往是需要智慧引领的,这就需要课程的组织者具有引导、点拨、提升的智慧和能力。因此,学校开设了合育探索课程,优秀家长、优秀校友作为课程的组织者,会因其自身所从事的工作、所经历的事情,带给学生更广阔的视野,让学生从广度上去发散思维。而教师则需要在思维的深度上去引领学生。因此,学校开设了管理团队课程、班主任培训课程、青蓝传承课程(青蓝传承是对青年班主任的培训课程)。这些课程是将教育体验中的思考收获反过来辐射到学生的课程体验中,从而引领学生深入思考、生成智慧。

我们的教育目标是将学生培养成为一个有智慧的人。智慧的来源不仅仅是课本,活动也可以是学生实现发展和提升智慧的重要途径。在班主任培训课程中,为探讨"如何在红色基因课程中彰显教育智慧",教师们各抒己见。首先为使学生认识深刻性得到提升,班主任们总结出了由事及理、叠加好处、群像分析三种方法。具体而言,其包括:列举事件,引导学生提炼道理,并从事件、意义、人物三个维度深入理解主题。尽管有了深刻的思想认识和周密的部署,但实际上在具体的操作中还会遇到很多问题,不过这又是引领学生提升智慧的好契机。

在讨论中,班主任们发现,如果将学生置于某一特定的情境中,让其扮演特定的角色,会更容易引起学生情感体验,做到"情境即在眼前,我在情境中"。此外,富有时代感、学生喜爱的内容和形式也可以成为亮点……这些方法都能很好地培养学生们的创新精神,启迪他们的智慧。

智慧是抽象的概念,但是我们也憧憬着让抽象有形、让智慧可视。

三、体验型课程的实施路径

体验型课程——活动浸润情境化实施。"五致"体验型课程基于学生身心发展特点,学校自主研发课程,课程实施分为课程研究和实施两部分。

在课程研究中,以专业培训、课题牵动、研究后的个人内化、典型课例进行引领为研究流程;以学校专项指导引领、个人研究、集体研究以及专家引领提升为研究模式,实现课程专业化开发,提升了教师的研究能力,提升课程实施效果。

图5-4　情智目标导向下的"五致"体验型课程实施模式图

在实施过程中,学生在创设情境中激发学习情趣、点燃思考的热情;在任务驱动下,激发探究兴趣,引导独立思考;通过情境化的体验感悟,学生体悟情感,促进思维发展;在交流表达中,学生进行情感共鸣,思考思辨,完善思考;通过思考构建,学生提升情感认知深化思维;在行动实践中,学生将心中的情智付诸行动,并转化成自己的深刻思想。学生将"情智"内化于心、外化于行。

四、体验型课程的实施课例

（一）愤怒来了，我不气——情绪管理课程①

1.课程目标

针对学生青春期的心理特点,围绕厌倦、嫉妒、焦虑、紧张、悲伤、愤怒、自满、虚荣、冷漠、恐惧这十种学生极易出现的负面情绪问题,结合《中小学德育工作指南》内容,融合心理学知识、思政课知识等学科的知识,引导学生消除负面情绪,对应建立积极的情绪。

2.认知目标

明确愤怒是正常的情绪体验,会对人的健康造成不良影响。情感目标:正确认识愤怒情绪,愿意主动控制愤怒情绪。行为目标:能够在愤怒时有效实施自我调控,不做他人愤怒情绪的引发者。

3.实施过程

首先,问题聚焦,师生分享交流,确认愤怒情绪无处无时不在。

师:"喜、怒、忧、思、悲、恐、惊"是我们每个人生活中都要面对的七种情绪,今天我们就来认识一下愤怒这种情绪。

师:说到愤怒,大家肯定特别熟悉。大家有没有愤怒的经历? 当时是什么样的情况? 你能用简短的语言描述一下吗?

生1:我和好朋友在操场上聊心事,小明突然从背后拽掉了我的发圈,搞得

———————
①本课例来自哈尔滨市第四十九中学教师张老师。

我披头散发地站在操场上，太气人了，这简直就是欺负人。

生2：我就差一个得数，小组长抢走了我的卷子，说时间到了，不允许再答题了。真是气人，本来我能得满分的。

生3：每天晚上写作业时，妈妈都要在旁边催，太烦人了。

师：看来同学们虽然年纪不大，都遇到过不少令人愤怒的情况。同学们还记得自己发怒时或者别人发怒时的样子吗？当时身体动作和表情都是什么样子的？

生4：妈妈发怒我见过，她脸涨得通红，说话的声音也比平时大了好几倍。

生5：那天小明被小亮激怒了，我看他攥紧了拳头，咬紧牙关，好像马上就要揍小亮了。

生6：我也看到了，小亮也气得身体直发抖。

师：大家都是特别细心的同学，留意到了人在发怒时难以自控的状态，其实一些成人在愤怒时虽然没有暴跳如雷，但他们连续吸烟或者默不作声地攥紧拳头，无论哪一种方式，他们都在无形中动了气，发了怒。

其次，愤怒情绪我了解。

活动：科学实验面对面。

活动设计：教师引入心理学情绪效应实验，引导学生认识愤怒情绪的危害。

师：孩子们，你们了解"气"吗？请同学们一起看大屏幕。美国生理学家爱马尔做过一个情绪效应实验，他把人在不同情绪状态下呼出的气体分别进行技术性收集采样，然后将这些"气"与水的混合物依次放入实验基样中，进行处理。爱马尔发现，心平气和时呼出的气与水结合后，清澈透明，而生气时呼出的"生气"与水结合后却呈紫色。人在愤怒状态下，身体健康也会受到威胁。人类一些疾病的产生与我们的愤怒情绪有关。以脑细胞的衰老加速为例，人在生气时，大脑中枢神经受到刺激，使大量血液涌向大脑，增加大脑血管压力，老年人脑血管脆弱,这容易导致脑出血,还可能令脑细胞死亡。

活动:真实案例面对面。

师:除此,愤怒情绪得不到有效控制,还会带来人身伤害,请一位同学给大家读一读下面的真实案例。

(学生读案例)

师:这些流血事件听来,令人后怕。

师:看来,不能有效控制情绪真是危害颇多,不仅危害健康,还可能带来人身伤害,甚至会影响人际关系和正确决策等。每一个严重后果都是我们不希望看到的。

再次,愤怒情绪体验场。

活动:我的愤怒面对面。

师:孩子们,当你感到愤怒时,你是用什么样的方式处理自己的愤怒情绪呢?

生3:妈妈说生气了就要表达自己的愤怒,我们不能打人,却可以把自己的情绪说给妈妈听。

生2:我特别生气时会去做自己喜欢的事,转换一下情绪。

生1:我有一次很生气,摔了杯子,把妈妈吓坏了。

师:大家说得都很好,看来大家处理愤怒情绪的方式真是多种多样的。老师也收集到一些大家处理愤怒情绪的方式,有些大家刚才说到了,有些大家没有说到,请大家看看这些方式,里面一定有你曾经使用过或者看到过别人使用的。

教师把这些方式进行分类,总结出以下几种类型:忍气吞声,点火就着,迁怒于人,自我调节。

师:无论哪种方式,都不能从实质上解决愤怒带给我们的坏影响。我们究竟应该如何控制我们的愤怒情绪呢？我们一起来通过一个案例看一看。

案例：中考临近，小明正在家里安静学习，不经意间却看到了门外目不转睛盯着自己的爸爸。"嘭"的一声，小明关上了房间的门。

"吱哟。"这是小明爸爸打开书房门的声音，缓慢而坚定。

"嘭！""吱哟。""嘭！""吱哟。"……几次开关过后，小明和爸爸都烦躁不安起来，愤怒在父子之间升腾……

师：请同学们通过模拟父亲和儿子的表情、动作、眼神来再现父子之间的开关门大战。

学生根据情境进行现场表演。

师：如果说父子之间因意见不统一而发生了开关门之争，那么是什么让父子之间的愤怒情绪一点点加剧，甚至难以控制呢？

生4：儿子对父亲缺少尊重，表情中流露出的不屑一顾非常惹人生气。

生5：父亲不理解儿子，这让儿子很难接受，很生气。

生6：儿子摔门的动作会让爸爸觉得他是在耍脾气。

师：大家观察得非常仔细，思考也非常有深度。引发父子矛盾升级的就是他们对待彼此的态度，一个不屑的眼神，一句不经思考脱口而出的话，一脸无所谓的表情，甚至是摔门发出的"嘭嘭"声，让他们变得愤怒。

师：请同学们猜一猜，父子之间的开关门大战继续发展下去会怎样呢？

师：依照目前的情形，我们猜测父子之间的开关门大战要以双方的两败俱伤、愤怒爆发告终。如果你就是案例中的小明或者爸爸，这个事情发生了，你该怎样控制自己的情绪呢？

生7：如果我是小明，我不会来来回回地摔门，我要告诉爸爸，关门是为了自己能静下心来学习，让爸爸放心，自己绝对不会偷懒。

生8：如果我是小明，我可能会向妈妈求助，希望妈妈帮我和爸爸解决矛盾。

生9：如果我是爸爸，我会耐心地和小明谈谈，不是一味地以父亲身份耍威风，强制让小明开门。

师：大家分析得透彻入理，父子之间的愤怒发展下去对谁都没好处，还不如都站在对方的角度上换位思考，尝试理解一下对方的想法，多一点理解和宽容。与其让争吵和愤怒升级，不如多想想办法解决问题。通过同学们的分析和出谋划策，父子之间的愤怒情绪好控制多了。

再次，愤怒情绪我控制。

活动：控制愤怒有方法。

师：老师在同学们提出办法之前，先提供两种可以让人在突如其来的愤怒情绪下快速冷静的办法。第一，深呼吸。让我们用缓慢的鼻吸口呼的方法来调节自己的愤怒情绪。第二，放轻松。具体做法就是放开拳头，放慢语速，放低音量。通过这三个动作的调节，不仅能够让我们自己放松下来，也能避免我们的愤怒情绪传递给别人。再加上同学们提供的两个办法——换位思考和找到更好的解决办法，这样就组成了我们的"制怒四部曲"。

活动：控制愤怒小擂台。

师：老师调查了咱们年级的同学，整理出一些能够引发大家愤怒情绪的情况，现在给大家两分钟时间，请大家仔细阅读，想一想，当你面对这个情景时，应该怎样控制自己的情绪呢？

生1：我们小组认为，同学们在操场上游戏时，发生磕碰在所难免，受伤的同学应该坚强一点，其他同学也应该多一点关心，主动帮助受伤同学处理伤口，或者送受伤的同学去医务室。

生2：我们小组认为，与别人相处要多一些善良，别人虽然弄坏了你的东西，但也是无心之举，不应该没完没了。俗话说得好，得饶人处且饶人嘛。

师：听了大家的分享，老师认为，似乎未来的生活学习中，我们都不会再被愤怒左右了,因为再面对这些情景,我们可以用深呼吸、放松自己、换位思考、找解决方法的方式控制自己的愤怒情绪。

最后,拓展总结——制怒有方,莫迁怒于人。

师：阿尔伯特·埃利斯在《控制愤怒》一书中认为,"掌控好情绪,才能掌控好人生",拿破仑也曾说过,"能控制好自己情绪的人,比能拿下一座城池的将军更伟大"。

师：请同学们身体坐正,一起看大屏幕。通过这节情绪管理课,我们深入地了解了愤怒这种情绪,也学会了如何控制愤怒情绪,进而能够实现时刻保持平和的心态,和别人友好沟通,解决我们面对的各种矛盾冲突。希望大家在以后的日子里都能够心平气和地思考问题,好好地沟通问题,让我们的生活也变得充满阳光。

（二）"红岩魂——红岩精神的解读"——红色基因课程

重塑革命烈士形象,弘扬红岩不朽精神。通过情景剧的形式再现当年革命先辈们同恶势力斗争的场景,学习革命烈士不屈不挠和顽强拼搏的革命精神。创作剧本、表演以及舞台场景道具等多方面都由学生互相合作完成,以达到深入地了解和学习革命先辈们的目的,这样不仅能够培养学生的综合素质,同时能够增强学生在集体中的团结合作的精神。

教师布置学生阅读《红岩》。

准备道具,购买服装,制作手铐、旧书包等。制作背景音乐、视频等课件。

分配角色,分组排练。

场景一：教师带领同学们参观红岩烈士纪念馆；场景二：渴望上学的小萝卜头；场景三：我的"自白书"；场景四：绣红旗；场景五：红梅赞。

开场：演员入场,站好位置。

教师：砍头不要紧,只要主义真,对一切为国家、为民族、为和平付出宝贵生命的人们,不管时代怎样变化,我们都要永远铭记他们的牺牲和奉献。

场景一:教师带领同学们参观红岩烈士纪念馆。

教师:同学们,有一种颜色叫中国红,有一种精神叫红岩魂。今天,老师要带大家参观红色革命基地——重庆歌乐山烈士陵园,让我们一起追思红岩烈士的英雄事迹,铭记那段红色的历史。

场景二:渴望上学的小萝卜头。

学生:老师,狱中还有这么小的孩子啊?

教师:那是小萝卜头。小萝卜头本名宋振中,是解放战争时期最小的战士。他在八个月的时候,就随父母进了监狱,之后便长期住在了那里。在革命胜利前夕,他被敌人残忍杀害,年仅8岁。即使在狱中,小萝卜头也渴望上学,他的遗体被发现时,两只小手还紧紧握着狱中教师送给他的一小截铅笔……

学生表演场景一:

地点:狱中。

人物:小萝卜头、妈妈、爸爸、狱中众同志、特务。

道具:手铐、铁栅栏、书包。

小萝卜头依偎在妈妈怀里,用渴求的眼神望着妈妈说:"妈妈,妈妈,我想上学,我想读书!"

妈妈:"是啊,你已经到了该读书的年纪,妈妈也特别想让你读书,我们去找你爸爸一起商量。"(走到牢房栅栏外)

妈妈:"我们得想办法让孩子读书啊!"

爸爸:"是啊,他已经到了该上学的年纪,应该让他学知识,孩子就是希望,孩子就是未来!"

狱中同志:"对,对,孩子就是希望!"

旁白:地下党组织经过研究决定,为小萝卜头上学的要求进行罢工和绝食。

敌人怕事情闹大,只好让步了。大家终于争取到了让小萝卜头上学的权利。父亲捡回一根树枝,在地上磨成了一支笔;母亲把一件囚衣剪了,缝了一个小书包;狱友们用节省下来的一张张草纸做成练习本,送给小萝卜头。

小萝卜头坚定地说:"我一定好好学习!"

学生表演场景二:

旁白:第二天,小萝卜头早早就起床上学了。

小萝卜头:"罗伯伯早!"

罗伯伯:"振中!从今天起,你就要开始读书了。"

小萝卜头:"我不怕吃苦,我一定努力学习!"

罗伯伯:"这很好。以后由我和孙教师教你语文,车教师教你算术。现在,我来教你第一课。跟我念——我是一个好孩子。"

小萝卜头:"我是一个好孩子。"

罗伯伯:"我爱中国共产党。"

小萝卜头:"我爱中国共产党。"

罗伯伯:(自言自语)"嗯,孺子可教矣!"

小萝卜头:"罗伯伯,你说什么呢?"

罗伯伯:"我说,你真是个好孩子!振中,你知道共产党是什么人吗?"

小萝卜头:"知道!共产党都是好人,他们打日本鬼子,打坏蛋,让老百姓过上好日子。(说到这儿停下来,看看"特务"已经走了,悄悄地小声对罗伯伯说)我知道爸爸妈妈是共产党,罗伯伯和车伯伯也是,但我不说。"

罗伯伯:(大笑)"哈哈哈,真是个好孩子!今天我们就上到这里,下课吧。"

小萝卜头:"谢谢罗伯伯!罗伯伯再见!"(欢天喜地地跑了回去)

学生A:"老师,小萝卜头真可怜,在这么艰苦的环境下还跟着狱中的叔叔伯伯们学习。"

学生B："和他们相比，我们可以上学，课外，还能学弹钢琴、练书法……"

教师："是啊！跟小萝卜头相比，大家更应该珍惜今天这来之不易的幸福生活！"

学生C："我们一定要努力学习，把祖国建设得更加富强！"

学生D："小萝卜头，谢谢你，谢谢你让我们明白，自由是多么可贵！你的故事，我会讲给所有人听。没有人会忘记你们，因为我们活着，就是你们生命的延续！"

学生表演场景三：我的"自白书"。

地点：监狱。

人物：陈然、特务徐鹏飞等三人、狱友若干。

旁白：陈然叔叔在审讯室里，他曾经和敌人激烈争斗，用自己坚定的意志，写下了一个共产党员的"自白"。

徐鹏飞："我再问你一遍，到底谁是你的领导？"

陈然："谁是我的领导？当然是党中央，毛主席！"

徐鹏飞（愤怒）："你……（口气转冷）：其实你的事情，蒲志高已经全部交代了，他比你识时务。现在你面前只有两条路，一个是悔过自新，另一个就是长期监禁！"

陈然："悔过自新？我没有那么卑鄙无耻。我情愿坐牢，坐到你们灭亡的那一天！"

徐鹏飞："好，好，这样，我以我的名誉担保，只要你肯写下自白书，我立刻无罪释放你！"

陈然（不屑地笑）："一个共产党人从来就不怕讲明自己的观点，写就写！拿笔来！"

徐鹏飞（高兴状，递上笔）。

陈然（奋笔疾书，写完把笔扔于地面，捧起纸，朗诵）："听着，这就是我的自白书。"

陈然："任脚下响着沉重的铁镣，任你把皮鞭举得高高，我不需要什么自白，哪怕胸口对着带血的刺刀！"

狱友一起："人，不能低下高贵的头，只有怕死鬼才祈求'自由'。毒刑拷打算得了什么？死亡也无法叫我开口。面对死亡我放声大笑，魔鬼的宫殿在笑声中动摇！"

陈然："这就是我，一个共产党人的自白！"

狱友一起："高唱凯歌，埋葬蒋家王朝！"

徐鹏飞（跑去抢走稿件扔掉）："住口！我不相信你受得了这刑罚！来人！给我把他拉出去，严加拷问！"

（二侍卫拉陈）

陈然（用手臂推）："放开我，我自己会走！"（昂首而出）

徐鹏飞（手置于身后，出）。

滚滚烟云，天籁传声，是"小萝卜头"狱中琅琅的读声，是陈然大义凛然的"自白"，也是江姐"许党为民万事轻"的壮语……从开天辟地的一条红船，到艰难险阻的漫漫长征，从象征希望的延安圣地，到自力更生的"两弹一星"……先辈们火红的足迹如星星之火，点燃了大家的希望。

传承红色文化，须以躬身入局的实践来把握现在。哈尔滨市第四十九中学以"追寻红色印记，赓续百年薪火"为主题的红色基因德育校本课程成果展示活动向党的百年华诞献礼。在本次红色基因课程成果展示中，各班进行展演，从剧本的构思、创编以及音乐舞蹈的选编、台词、服装、道具的精心设计和选择都是班主任、同学们和热心家长群创的结果。活动展现出了师生的智慧，独具匠心的创造力和引人入胜的表演力。

从红船精神、井冈山精神、长征精神、延安精神、抗战精神、红岩精神、五四精神、抗美援朝精神、雷锋精神到"两弹一星"精神、北大荒精神等，这些典型精神的演绎展现出党的思想信念和精神品质。大家用最纯真的心灵、最优美的旋律，赞美我们伟大的中国共产党，表达了学子们在党的光辉下，紧紧跟随党的脚步寻梦想。

五、体验型课程评价的机制和方式

学校的评价与考核制度对学校的育人工作有着导向作用。如果把考核评价的结果作为教师教学成绩、教学成果、职称评定以及获取荣誉称号的衡量指标和判断标准，势必会引发教学的功利主义价值取向。因此，在体验评价中，要关注教师对学生道德情感的培育，注重学生思维思想的形成。

（一）评价主体多元化

单一评价主体的德育评价模式存在一些明显的弊端，学生处于被评状态，无法阐释自己的观点，学生自我的评价能力也得不到很好的锻炼。体验式课程的评价不再单单是指教师对学生的评价，它还包括学生之间的互评、学生自我的评价等。学校的许多体验式课程都是采取这些方式进行评价的，例如精神印记课程中，学生完成的班级标识的设计，首先由学生书写并展示自我推荐理由，再由其他学生投票评价，最终确定课程成绩。

（二）评价内容综合化

体验式校本课程中的课程很多，综合成绩不能只靠一两门单一的课程成绩，学校因此采取科目限分，综合成绩的分数不得超过上限分数。另外每位学生必须在三个维度中都有课程分数，以此促进学生多元的发展。此外，体验评价不能只关注对结果的评价，还应关注对学生体验过程的评价，如学生在体验过程中的参与度和积极性、学生对体验的关注度、学生在活动中的主动性、学生的发言和提问、与他人合作交流的情况等都可纳入评价内容。

（三）评价方式多样化

体验评价中，教师可以采用多种多样、丰富多彩的评价方式，除了学分量化之外，还可以对学生及时表扬、授予学生荣誉称号，或以奖杯奖牌、海报选材等精神奖励的形式进行评价，这些都将有助于调动学生参与体验的积极性。

体验型德育校本课程体系关注每个学生的全面、和谐、整体发展，为学生提供丰富的、可选择的、最能满足他们发展需求的课程，真正"让教育成为教育"。它承担起了服务和谐社会构建的使命，促进了基础教育课程改革的公平、正义与和谐的落实，成为当下和谐社会构建与创新人才培养的力量之源。

第六章

拓展型课程的多元化融合

　　拓展型课程是在国家教育方针指导下，立足学生兴趣和发展的需求，基于学校办学理念、特色和师资优势等自身条件而开发出来的一类课程。拓展型课程将适合学生个性差异作为课程开发和实施的出发点。其尊重差异、善待差异、因材施教，能够激发学生兴趣，开发学生潜能，促进学生个性的发展和学校办学特色的形成。拓展型课程主要以"1+X"的整合或融合的形式进行教学内容的拓展。学校科学整合教师、学生、教材、环境四方面的要素，为师生共同发展创设灵动的空间，使学校课程文化充满乐趣和灵性。

·········第一节
拓展型课程的构建依据与思路确定·······

课程是构建学校文化最主要的载体,同时也是学校文化的组成部分。哈尔滨市第四十九中学通过一系列举措,努力使拓展型课程在外延和内涵两方面都着力培养和提升学生的科学素养和人文素养,使办学理念和拓展型课程方案之间形成互为因果的逻辑体系。

一、构建依据

拓展型课程以尊重学生的个性发展、培育学生的主体意识、完善学生的认知结构、提高学生自我规划和自主选择能力为宗旨,着眼于培养、激发和发展学生的兴趣爱好,开发学生的潜能,促进学生个性的发展和学校办学特色的形成,是一种体现不同基础要求、具有一定开放性的课程。拓展型课程由限定拓展课程和自主拓展课程两部分组成。

限定拓展课程主要由综合实践学习领域的学校文化活动与班团队活动、自我服务与公益劳动、社区服务与社会实践等各类活动,以及国家规定的各类专题教育组成,是全体学生限定选择修习的课程。

自主拓展课程主要由基础型课程延伸的学科课程内容和满足学生个性发

展需要的其他学习活动组成,是学生自主选择修习的课程。

从课程定位上看,拓展型课程需要满足以下几点:一是拓展型课程是在建设与实施选修课程和活动课程过程中逐步发展形成的一种功能型课程。二是拓展型课程是基础教育课程的重要组成部分,是基础教育课程内涵的深化和延伸。三是拓展型课程是国家规定的每位学生必须修习并由学生自主选择的课程。四是拓展型课程是为满足学生个性发展需要和社会多样化人才的需求设置的课程。

从课程理念上看,拓展型课程致力于促进学生全面而有个性的发展,致力于为学生提供丰富多样的课程资源,促进学生自主选择性学习能力的形成,着力开发与建设校本课程以及建立促进学生个性发展的课程评价体系。

二、构建思路

拓展型课程在建构初期,缺乏课程设计的整体规划,随意性比较强;教学内容的选择没有经过认真的思考;一些课程的教学主要以播放视频为主,时间长了学生兴趣不高,教学效果并不理想。学校科研组在对课程建设过程中的问题进行收集分析后,提出了新的构建思路:

(一)努力建设好以学科拓展为目的的拓展型课程

以往的学科教学以基础型课程为主,这些课程属于国家课程,由国家制定课程标准,国家组织专家编写教材,学校组织实施。但由于国家的教材要兼顾不同的学生群体,是根据课程标准编写的,因此在实施过程中,不同学校存在着的不同的具体情况。如地域文化特点、社会经济特点、办学历史、教师、生源等存在着巨大的差异,所以在实施课程计划时,需要按照课程标准的要求,结合学校的具体情况对国家的教材进行有针对性的二次开发,使之能够符合当地生源的学习状况,这就是对基础型课程做出拓展和补充的目的,是拓展型课程需要完成的任务。

对国家教材的二次开发，我们重点考虑以下四个方面。第一，对学校学生的智能状况有一个比较清晰的认识和判断。比如在执行国家教材计划时，增加哪些内容，如何把握好数量和深度，增加到什么样的程度是符合学生的认知特点，能使他们便于接受。第二，从教研组的教学安排层面要有一个科学合理的整体思考，明确哪些知识点、在哪个年级补充给哪个认知阶段的学生最为合适，要做到三个年级统筹考虑。第三，要在实施的过程中注意整理、完善、总结、提高，逐渐形成可以系统使用的成形的校本教材。避免因为没有成形的书面的材料，导致学生上课之前的预习、上课过程中的参考以及课后的复习都成问题，这不是简单地布置一些作业就能完成的。第四，要在作业的设计上下功夫并进行深入研究，努力做到形式多样，可参与性强，给学生更多探究的机会。这既要注意学生思维能力的逐级提升，又要注意避免加重学生的学习负担。

（二）重点建设一批激励学生个性发展的拓展型课程

加强拓展型课程与其他课程之间的相互融合。"金字塔"结构的"情智课程"体系建设要求每一级课程体系是相互促进、相互融合、相辅相成的。拓展型课程以基础型课程与体验型课程为基础，在课程体系构建上要充分考虑发扬学生的个性。作为基础型课程的拓展与补充，拓展型课程增添了基础型课程所欠缺的个性发展部分，同时应以学生在拓展型课程中展现出来的个性潜质，科学规划研究型课程的项目目标，鼓励更多在拓展型课程中表现突出的学生加入项目学习，以促进其自身个性特质的发展。

（三）把拓展型课程建设和学校文化建设结合起来

著名的教育家苏霍姆林斯基在《帕夫什中学》一书中说："用环境、用学生创造的周围情景，用丰富的集体精神生活的一切东西进行教育，这是教育过程中最微妙的领域之一。"学校文化就是这样一个微妙的领域。通过课程的建设和学习,传递学校的办学理念,营造学校的校园文化,是各个学校都应用心关注的问题。

学校组织的各种社团活动,教研组举办的专题教育活动,学校的各种节日如科技节、艺术节等,本身就是拓展型课程的有机组成部分,也是激发全体学生参与、营造学校文化的重要途径。各个教研组都要主动参与这些活动,把拓展型课程和教研组的建设紧密地结合在一起加以考虑。

目前,我们正在深化改革拓展型课程,这既有利于学生形成人文素养和科学素养并重的精神结构,也有利于使课程成为一种动态的、生长性的"生态系统"和完整文化,我们将一以贯之地为之做出更积极的探索和努力。

拓展型课程的实施促进了学生发展,也促进了教师发展和学校发展。按上级课程规划和纲要的指导,学校结合学校实情,开发出既满足学生的需求,又发挥出教师潜能、促进教师发展的具有学校特色的拓展型课程。学校在拓展型课程的规划和实施中,通过积极的引导、评价、扶持等措施,使课程更能突显学校特色。

············第二节
拓展型课程体系框架内容············

有什么样的办学理念,就有什么样的课程;有什么样的课程,就有什么样的教学。哈尔滨市第四十九中学在众多兴趣活动课和学校活动基础上建立了以丰富学生生命体验为宗旨的拓展型课程,在教学中充分发挥学生的主体作用,使课堂动态生成,与生活打通,学生可以自我建构知识体系。

"1+X"课程是哈尔滨市第四十九中学办学最重要的载体,是学校所有工作最终的物化体现,是学校师生研究能力与学术水平最有力的证物,也是学校的核心竞争力所在。为此,学校从课程目标、课程结构、课程内容、课时安排、课程评价等多个维度研究了"1+X"课程体系的框架内容。

为了使我们的学生既能达到甚至高于国家课程标准中的各项要求,又可以使个性化发展需求得到充分满足,我们界定了核心概念,提出了"1+X"课程的结构。

"1"指整合后的国家基础型课程。该课程内容体现了"用教材教而不是教教材"的思想,这既落实了国家规定的基础型课程,同时又超越了教材。

"X"指个性化发展的拓展型课程。它的形成既遵循学生在基础教育阶段的普遍认知特点,同时又体现"四十九中烙印"的校本课程及个性化拓展型课程。

"+"不是简单的加法,而是促进"1"与"X"相辅相成,达成"1"和"X"平衡的增量或变量。

"1+X"课程中的"1"与"X"追求"0.618"的黄金分割比例。其一方面强调基础,整合后的国家基础型课程要占到总课程的一半以上,即接近总课程的70%。另一方面依据学生的实际需求调整这一比例,"1"与"X"相结合,使之保持一种动态的平衡。

学校拓展型课程的所有科目均在内容上形成了"向学科知识靠拢、向社会生活靠拢、向人类文化靠拢"的三大特征,这些课程分别具有较为鲜明的"知识属性""生活属性"和"精神属性"。这些具有时代特征的科目,将从各方面促进"以学生发展为本"的理念和行为的形成,也将对培养学生具有国际视野和全球意识、具有科学素养和人文情怀、最终成为精神丰富、人格高尚的可持续性发展的人才产生积极而深远的影响。

拓展型课程作为一种上承基础型课程、下启研究型课程,并全力向研究性学习课程过渡的相对独立的课程组成形态,必须依托综合课程完成其向高一级课程渐变、递进的使命。因为,综合课程能够引导学生在创造性地解决问题的学习过程中,用专题或项目的形式,有机地将事实性知识和体验性知识、单科知识与跨学科知识、社会课题和学生问题等有机地结合起来,从而最大限度地促使学生从发展性学习向研究性学习过渡。根据学校的办学宗旨,课程资源包含以下三个部分:

一是质量目标指南。质量目标指南是解决教师(学生)教什么(学什么)、怎样教(怎样学)、教到什么程度(学到什么程度)、教会了吗(学会了吗)这一系列问题的标准。制定质量目标指南的依据主要有课程标准、教师用书、教材以及学校的评价办法,同时要联系学生和学校的实际情况而综合制定。

二是课时备课。课时备课是基于教师教学活动的抓手,是教师在课堂教学中为实现质量目标而设计的教学活动,同时也是为实现这些教学活动而设计的学生活动。

三是乐学手册。乐学手册是基于学生的自主学习而将教学素材进行精细化地加工和整理,是学生进行自我学习的指导。"预学单"是学生预学的抓手,主要包含学习新知识所必备的知识储备、通过自主预学应学会的知识,以及在预学过程中还存在哪些问题从而为共学提高目标、为教师的组织教学提供依据。"共学单"是课上学生自主学习的引导,学生能够带着预学中存在的问题,在"共学单"的引导下,通过小组合作交流解决问题。"延学单"是学生对所学知识整理、巩固、应用及拓展。

通过多年努力,哈尔滨市第四十九中学形成以"1+X"课程为着力点的较为完整的、可供学生选修的拓展型课程体系,学生可以根据自己的爱好和特长自主选择。学生达到了"课前有主动探究意识、课堂能学会如何学习、课后能融会贯通并举一反三"的目标,优化了思维方式,提升了学习智慧,促进了自由发展。

·········第三节

拓展型课程的分支构建··

"1+X"课程拓展了学生学习领域，关注学生发展差异，激发学生发展潜能，丰富学生学习样态，促进了学生自由、全面发展。具体来说，"1+X"课程包含学科延展课程和跨界融合课程两种类型。本节将基于课程框架对其分支进行介绍。

《普通高中课程方案（实验）》中提出："赋予学校合理而充分的课程自主权，为学校创造性地实施国家课程、因地制宜地开发学校课程，为学生有效选择课程提供保障。"《国家中长期教育改革和发展规划纲要（2010—2020年）》中也明确提出："深入推进课程改革，全面落实课程方案，保证学生全面完成国家规定的文理等各门课程的学习。创造条件开设丰富多彩的选修课，为学生提供更多选择，促进学生全面而有个性的发展。"

初中阶段是高中学习的一个过渡时期。基于此，学校将国家课程进行个性化补充和延伸，形成学科的校本课程，即"1+X"的两种课型。"1"指的是一个主体学科，"X"可以是学科内纵向延展课程内容，也可以是学科间横向跨界融合课程内容。每种课程都有主题、有目标、有方法、有拓展。

"1+X"学科延展课程，是指由国家学科课程延伸的学科课程内容，有学科整体构建的思想,具有专题性、系列性、连续性或递进性的特点。

"1+X"跨界融合课程打破了学科壁垒,加强了学科间的融合,如语文与历史、地理,地理与生物、政治,物理、化学与生活等。通过教学内容之间的关联,教师可以引领学生建起各学科事物间的广泛联系,课程的丰富性、灵活性和生成性使学生在人文底蕴、科学素养、审美情趣等方面从学科的分裂走向学科间的整合。

根据拓展型课程的特点和学校的实情,课程的开发以教师自主开发为主,以利用校外教师与资源为辅。根据拓展型课程的特点以及教师的时间问题、课程开发能力等因素,学校制定出课程规划,并在课程开设背景、预期目标、主要内容及安排、实施方法及评价方式上有着统一要求。在课程规划的指导下,教师详细设计课程实施过程。课程开发要遵循师生互动的课程运行原则。课程运行是指教师、学生、课程在教学情景中的互动关系。拓展型课程非常需要在互动中变化和生成,这就要求教师在教学中对课程再度开发。

经过多年的实践探索,在调查、分析和遵循学生需求、教师能力和学校特色三个拓展课程优化原则的基础上,学校形成了拓展型课程结构体系。以语文学科的拓展课程为例,其具体可分为学科融合拓展课程、群文阅读拓展课程、语文即生活拓展课程。各课程分支框架如表6-1:

表6-1 语文学科拓展课程分支框架表

课程类型	1	X
学科融合拓展课程	语文学科	探究与语文学习内容相关的其他学科的融合
群文阅读拓展课程	研读主题	研读同一主题不同体裁与风格的文章特点
	写作方法	品读同一写法不同作者的思考方式及特色
	著名作家	研读同一作家不同时期的作品思想及艺术特色
	情感基调	研读同一基调不同作品的选材及表达特点

课程类型	1	X
语文即生活拓展课程	季节	观察感悟同一季节不同的景色风光
	物品	体会思考同一物品不同的象征意义
	道理	体验思考同一道理不同的阐述方式

学校以群文阅读拓展课程的开发为例,主要设定了三项研究目标及研究阶段。

研究目标:在课程资源建设方面,重点编制出一套适合学校一学年群文阅读拓展课的校本教材。在课程实施方面,研究出经得起推敲的群文阅读拓展课实施策略,形成一批优秀的群文阅读拓展课案例。在课程评价方面,构建学校群文阅读拓展课评价体系。

研究过程:第一阶段,深度解读教材,确定需要拓展的课程类型,界定"1+X"内涵,论证群文议题,确定与议题相匹配的一组组文章,编写校本教材。第二阶段,使用校本教材,研究典型案例,收集反馈意见,调整校本教材,形成教学流程与模式。第三阶段,建设课程评价体系,物化项目研究成果,编写新的年级教材,进入下一个循环。

在哈尔滨市第四十九中学,"1+X"课程已形成一个相对成熟的闭环,其始于体验即课堂创设,基于学生生活经验和学科学习经验的丰富情境,让学生充分体验和感悟;注重探究,即教师教学以探究活动为主线,激发学生自主探究的意识,指导学生科学探究的方法问题驱动,并在课堂中注重学生问题意识的培养,引导学生在探究体验中生成感悟、提升思维力。

哈尔滨市第四十九中学"1+X"课程建设实现了学科知识、人文情感、科学精神从课内到课外的延伸,将学习"生活化""生命化",并在探究与体验中促进其内化与巩固。在这样的课程中,学生的学习洋溢着生命的激情、充盈着智慧的思索,学生能够在生活实践和自我生命的相互交融中获得自由生长的力量。

·········· 第四节

激发学生潜智：
拓展型课程的实施策略与案例··············

一切教育改革最终要落实在课堂上，而课程是课堂的根基。实施课程改革、建设具有丰富学生生命体验的特色课程，是提升学校办学水平的首要任务和内生需求。本节重点介绍学校拓展型课程的实施策略与案例，以为其他学校各年级、学科拓展型课程研究提供可资借鉴的经验。

一、分层、分类、分项，实施本班或走班制的教学策略

学校结合独有的教育资源，根据学生的实际需求，尤其是兼顾长远发展的需要，通过教师自主开发，教研组内联合开发、跨教研组合作开发与学校主导开发等形式，大力拓展校本课程，提高教学实效。目前学校的拓展类课程有知识与视野、艺术与审美、体育与健康、思维与创造等四大类，约二十余门，其中已形成八门品牌课程。学校从学生的"情""智"着眼，以科学教育与人文教育相融合的思想为基础，注重拓展型课程对学生综合思维、多元素养的培育。拓展型课程分领域设置，增强了课程的可选择性、综合性和实践性，有利于因材施教，从而促进学生的个性发展和多元发展，提高学科素养培育的实效。

上课形式：六七年级探索"走班制"教学，根据"分层、分类、分项"的思想，学生可以根据兴趣、爱好、特长选择不同的课程。上课时间为周五下午，每学期10至14课时，新组合的班级，每班级不超过40人。授课的教师主要以学校各学科教师为主，以校外高校或社会资源为辅。学校力争让每一节校本课都更有趣味、更独特、更新颖，让学生们更加喜欢学习，乐于发现，喜欢探索，全面提升学生的综合素养。

如在"艺术与审美类：'1+X'式'美术+历史、地理'"的校本课程中，从2012年9月开始，学校美术组全体教师根据近年来孩子的特点研究开发了美术与地理、历史融合的校本课程——"泥塑"（以可塑性很强的雕塑泥为主要材料的雕塑作品）。美术、历史、地理三个学科组的教师，为了加强学科间人文素养的整合能力，培养学生艺术审美能力，提高学生动手的创造能力，共同开发了系列化泥塑校本课程，其教学内容大致包括：泥塑的发展历史、泥塑的分类与地区分布、泥塑的艺术价值、泥塑的制作工艺和方法等。课程最开始，教师们鼓励学生们先玩泥巴，熟悉泥的特性。之后，通过鉴赏课让学生爱上泥塑，信息技术的支持则可以帮助学生整体了解泥塑。最后，教师让学生自由组合，上网查找泥塑的发展历史、地域文化、分类及形象特点等。

通过系列化的课程，学生渐渐明白，泥塑艺人可以根据区域文化、民俗民生等特点来创作出自己喜欢的作品。学生还可以在活动中发现各种工具的不同表现，这使孩子们与泥很快成了好朋友。在玩的过程中，他们自己总结出捏、压、搓、卷、雕、贴、切等技法。在此基础上，教师顺势引导学生对雕塑的技法、分类进行较初步的整体认识（如圆雕、浮雕、透雕等），然后从简单的造型设计入手，如数字、字母、树叶、花朵等，主要注重对学生兴趣的培养。尽管学生的初期作品在造型设计、雕塑技法、浮雕构图等方面还不太成熟，但却点燃了孩子们满怀探索的精神和创作热情。

在教学中，教师要善于挖掘每一件作品的长处，让表现弱的学生能够增添自信。通过启发与引导，学生的思维得到了开发，动手能力也在不断增强，孩子们越来越敢于动手，也愈发能捕捉到瞬间的感动。他们作品日趋成熟，教师也在与学生共同成长和进步着。

以七年级开设的圆雕课程为例进行说明。学生体验了一年后，教师才开始在创作的趣味性和文化性上"做文章"。在雕塑技法上，对于有一定基础的七年级学生来说，教师对他们捏、压、雕、切等技巧的运用应该有更高的要求。而在构思、设计等方面，教师会建议学生联系绘画中的一些知识进行创作，此外教师们还会采取新的教学形式，具体如下：

增设课前欣赏环节。教师鼓励学生收集著名雕塑作品资料，自制课件，并在每节课的课前介绍一至两个作品。这样既能使学生积极参与到教师的教学中，丰富了学生的雕塑知识，又能使孩子们多方面能力得到锻炼。

开发泥塑工具。师生在课堂上共同开发除泥塑工具外的"非专业工具"，比如用各种笔的笔帽与底端图案，进行花样印制，还可以巧妙利用防盗门钥匙上的花纹等，使其作品更有个性。

引用"学生"教法。当发现学生在制作过程中使用了巧妙的技法时，立刻让学生进行现场教学，让一个人的精彩激发更多学生的创作动力和灵感。

分工合作。在主题复杂一些的设计中，采用多个学生合作的方式，使作品有更多元的构思，增强作品的凝聚力，体现合作意识。这也能让不同层次水平的学生在同一作品中感受到集体的智慧、合作的美好。

2019年，为了让学生了解更多中国民间美术特色，学校美术组又开发了新的校本课程，将"马勺"带入了学生的视野。马勺是一种生活用具，记载了周秦文化最辉煌的发展过程，是陕西民间独有的手工艺品。学生的笔触很稚嫩，色彩则充满民间喜庆气氛，每件作品无不洋溢着对中国特有民间美术的喜爱。美术源于生活而又高于生活,教师带领学生走进历史,了解古时候北方游牧民族马背上的文化,引导学生创作更富有生命力和创造力的"马勺多元文化"。

"艺术与审美类:'1+X'式'美术+历史、地理'"的校本课程开展以来,学生慢慢地学会借鉴各种中国元素,用各学科整合的思想去创作作品,使作品更有文化、艺术的生命力。在此过程中,学生的平面思维、立体思维也得到了双重训练,学生收获的不仅仅是一个又一个精彩的作品,还有创作无穷的乐趣和自信。孩子们从最初的胆怯、无从下手到充满激情和智慧,他们创造力在不断提高,美术学习的欲望也更加强烈。特别是当我们看到在学习成绩上没有自信的学生,在美术校本课上露出灿烂的笑脸,找到了他们的梦想,看到原本沉闷的课堂洋溢着喜乐,教师们的心也在随着孩子们一起跳跃和欢畅。

通过"艺术与审美类:'1+X'式'美术+历史、地理'"的校本课程创造出的作品既是文化艺术品,又是日常生活用品,与人民生活息息相关。学生在学习过程中体会泥塑工艺独特的艺术魅力,感受民族文化艺术的熏陶,增强他们对传统文化的热爱。同时,这一校本课程可以培养和发展学生的艺术兴趣,开发学生的艺术潜能,提高审美和艺术创造能力,促进学生的道德、情感、技能等各方面素质的主动发展,鼓励他们学会观察美、欣赏美、创造美。

图6-1 "马勺多元文化"校本课现场

二、主题式或话题式,校内校外混合式教学策略

在拓展型课程的开发时,鼓励教师以"跨界"思维为导向,运用多种层次、多种文化重构课程。鼓励教师采取不拘一格的创新形式,打破以往固化的传统格局,采取主题式或话题式的教学方法,或在教室内,或行走到户外的大自然,创设生动有趣、有新意的学习活动,为学生提供多种角度、多种视野、多种思维的深度思考活动,鼓励学生有更多的发现,引导学生的"情""智"和谐发展,使学生的核心素养落地生根。

如语文拓展课程遵循"1+X"课程策略,分项设立学科融合拓展课程、群文阅读拓展课程、语文即生活拓展课程。

表6-2　语文拓展课程相关情况表

拓展课型		具体分类	实施方式	适合年级	学习方式
横向拓展	学科融合拓展课程	人文与地理课程	找准契合点,打破学科界限,课堂教学融合不同学科	六七年级	选修
		诗歌与历史课程		八九年级	
		诵读与音乐课程		七八年级	
		美文与绘画课程		七八年级	
纵向拓展	群文阅读拓展课程	"1+X"阅读课程	学生精读与泛读相结合,研读与品味相结合,提升文学素养	七八年级	选修
	语文即生活拓展课程	感悟四季风景课程	观察生活,体验生活,通过入眼、入心培养自己的审美情操	七八年级	
		体会世事人情课程		七八年级	
		领悟人生哲理课程		八九年级	

以群文阅读拓展课程为例(校内),探究同一种写法不同作者的思考方式及特色。

语文阅读教材中的写作方法林林总总,学生学习的时候难免不够熟识。在本课程中教师可以一种写作方法为研究主题,以一组同一写法的不同诗文为研究内容,可以让学生明晰写作方法的特点及运用。

从拓展阅读中,学生明晰侧面描写是对正面描写的有益补充,更能激发人的想象力,更有利于表现人物的性格。教师进一步引导学生从读学写,进行写作训练。学生通过群文拓展阅读,反复品味,拓宽了视野,提升了读写能力,提升了思辨能力。

再以生活即语文拓展课程为例(校外)。语文与生活同在,语文的外延就是生活的外延。《义务教育语文课程标准》中指出,语文课程要加强综合性,沟通与其他学科之间的联系,沟通与生活的联系,在语文课程中学到其他方面的知识和方法;在其他课程、其他场合中也可以学到语文,拓宽学语文用语文的天地。在语文教学中,教师带领学生走出固化的学习场所,走到大自然,在户外的现实生活场景中,因学生观察、发现、感悟角度的不同,创造的思考空间也将会是多元的。学生放下升学的压力,呼吸自然的空气,享受万物带来的灵性,这可以丰富自己的审美情感,提高读写能力,提升思维素养,培养学生的人文素养。

如"感悟四季风雨"的生活即语文拓展课程中,在不同季节,学生积极参与教师设计的丰富的户外体验课程——春季为"我和春天有个约会",夏季为"夏天的滋味",秋季为"秋日私语",冬季为"冬之恋歌"。每一个季节的体验课程中,学生从观察、体验、感悟、创作等方面进行细致体会,深入感悟。

孩子们总有一些巧妙的诗句能融化我们的内心,而教师调调韵脚、删删重复内容,就能让意境更加美好。那些灵感的火花始终闪烁在小小的瞳仁里,让诗和远方就鲜活在平凡的生活中。

春有百花秋有月,夏有风冬有雪。孩子们用清澈的眼睛观察山河壮美,用敏感的心灵去体会草木温情,用形象的思维去描绘绮丽的色彩,用丰富的联想去构建多彩的生活,教师会在学生的感悟创作中收获意想不到的惊喜。

可见,生活的拓展体验可以让孩子走出象牙塔,感受大千世界。他们的灵魂得以净化和陶冶,思想慢慢走向成熟,情感得以丰盈,语文创造与思维能力得以提升。

三、规定动作+自选动作,采用综合创新实践的教学策略

以思维与创造类:"1+X"式物理综合实践校本课程的研发为例来看,物理课的特点就在于"物"和"理"。"物"即事实证据,以实验为基础;"理"即理性思维,以思想为中心。所以,物理课堂在重视知识传授的基础上更重视对学生学习能力、思维能力、动手能力等的培养,重视传授学生物理的思想和方法,为学生的终生学习奠定基础。"我和气球有个约会"这节课是基于培养学生物理学科学习素养而设计的一节学生实践活动课,它拓展了物理教材中的家庭实验室,是始于教材内容但又延伸到生活实践的一节原创课。这节课中包含了力、热、电的知识,综合性和趣味性都很强,有利于学生物理综合能力的提升,使其在以后的学习中能够提出创造性见解,对其创新思维、研究能力等学习品质进行培养。

以八年级物理课例"我和气球有个约会"为例。

本节课的教学主要包括两个环节。

环节一:我型我秀(规定"动作"技能展示)。这个环节主要以学生的个人展示为主,共展示五个实验,由学生介绍自己所挑战的实验涉及的实验器材,并进行实验操作。实验完成后再说明实验原理和所涉及的物理知识,每个实验中还设置了小问题。这个环节中展示了学生们高超的实验技能,并且也检验了学生们对于相关物理知识的理解与运用,更重要的是在学生学习力学知识进入较难的阶段,有些学生失去信心时,可以给学生们适时的一种鼓励,在增强学生学

习兴趣的同时,也增强了学生学习物理的信心。

环节二:众乐乐(自选"动作")。这个环节以学生的集体实验展示为主,主要以竞技的形式开展。这个环节所有的学生都有参与的机会,参加比赛的学生在实验前会根据自己的兴趣,选择制作一个本团队都喜欢的比赛实验工具。比赛前,各小组的学生们在一起做了非常多的准备工作,如一起制作实验器材,对制作的实验器材进行多次的试验,发现问题并不断研究和改进。在改进时,学生们会产生激烈的争论,在争论中慢慢学会倾听别人的意见。学生们都很享受这个创作的过程,这大大地拉近了学生间的距离,提高了彼此间的信任度。

在拓展型课程中,我们大力鼓励学科间的融合发展。如思政与历史巧妙融合,培养学生多元思维。

新课标要求我们要注重学科间的知识整合,充分发挥各学科的特色,从不同的学科角度关注对一个知识点的解释和诠释,从而达到对知识的全面理解以及对学生各方面能力和素养的培养。打破学科壁垒,加强学科间的融合,通过教学内容之间的关联,引领学生建立起各学科事物间的广泛联系。如政治与语文"政治课中的中国古诗词赏析"、政治与地理"古丝绸之路与'一带一路'对比分析"、政治与历史"中国宪法的颁布与实施进程"、政治与生物"生态文明与可持续发展战略"等。学科交叉整合,可以增强课程的丰富性、灵活性和生成性,使学生在人文底蕴、政治视角、科学素养、历史观点、空间思维、生命认识、理性情怀等方面从学科的分裂走向学科间的融合。

历史和思政学科的融合体现了历史发展蕴含着政治智慧,思政方略根植于历史逻辑。比如当讲到新型民主的时候,思政课的理论性比较强,抽象化比较高,通常课堂气氛比较沉闷。此时,如果运用历史知识材料来展现民主发展的历程,通过古今对比,突出我国新型民主的优势,则可以化难为易,坚定学生对社会主义民主的信心,增强他们的制度自信和民族自豪感。

时逢中国共产党百年华诞，思政学科进行党史与教学内容的融合与拓展，力争讲好百年党史，上好大思政课。思政历史既是分解的教育，也是整体的教育。学校两个教研组力争以更好的资源整合形成更大的学科合力，为不断推进党的事业铸心立魂。

四、拓展型课程的实施策略

拓展型课程——内外兼修专业化实施。"1+X"拓展型课程是学校自主研发的课程，具有课堂内外、学科内外、校内校外无限拓展的特点，呈现内外兼修的特色，因此成果兼顾了教师、学生、内容、环境四方面因素，使课程实施更加科学。

课程研发分为"教师自主、组内联合、跨组合作、学校主导"四种形式；研发内容是以所学教材为核心、进行学科内纵向延展、以及学科间横向融合，通过某一科教师自主研究开发、其他学科辅助研究的形式，在融合中更具科学性、价值性。

课前学生基于自己的特长优点、兴趣爱好、认知的空白点、思考过程中感到迷茫困惑的问题等进行选课。上课时，打破班级界限、打破学段界限，学生自主选择，进行走班上课、参加社会实践，以满足不同学生的发展需求。学生每学期自主选课一次，一学期课程学习结束后可改选或者继续选择，既保持学习的稳定性，又为学生提供更多的学习选择。

课堂实施过程中，以一位教师作为主讲、多位其他学科教师也参与到课堂中，为学生进行拓展式、专业化的点评，学生通过对学科1的研学、学科内X的拓展、跨学科X项的拓展，以及跨学科教师的点评，学生在学习过程中，充满激情的导入所学内容、通过智慧的思考，展开纵向深入的学习，横向进行充满趣味的学科内外的拓展，最后以富有个性、充满智慧的方式进行学习展示。

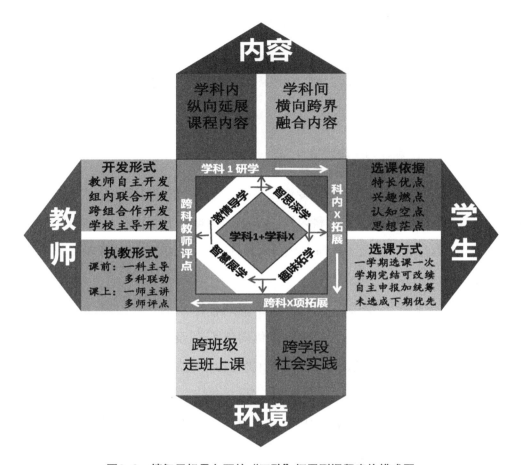

图6-2 情智目标导向下的"五致"拓展型课程实施模式图

五、拓展型课程的实施课例

思政与历史融合课课例："风雨百年,砥砺前行"党史教育拓展课教学实录[①]：

师：同学们,今年对于中国共产党是一个特殊的里程碑,你们知道这是为什么吗？

---

①本课例来自哈尔滨市第四十九中学思政教师孙老师。

生：我知道，今年是中国共产党成立100周年！

师：是的，中国共产党从1921年到2021年，走过百年的风雨历程，你想知道这里蕴藏着怎样的精神密码，又包含着怎样治国理政的经验吗？这节课我们就通过浓缩与串联的方式，政史结合，上一节党史教育拓展课，希望同学们带着深深的思考：站在两个百年的历史交汇点上的你们，应该想些什么？应该做些什么？下面开始我们的学习之旅——"百年风雨，砥砺前行"！

师：我们将沿着这样的思路展开探讨："红船记忆—又见党徽—初心使命—中国梦—人类命运共同体"。首先请大家观看视频短片《红船精神》，走进那段尘封已久的红船记忆！

（学生观看视频短片。）

师：请你说一说你所知道的红船故事。

生：红船是我们伟大的党诞生的地方。1921年，中共一大在上海召开，被法国巡捕发现，紧急转移到浙江嘉兴南湖的红船上进行，在这里，完成了大会议程，完成了最重要的建党议程。会议通过了中国共产党第一个纲领、第一个决议，选举产生了党的中央领导机构，正式宣告了中国共产党的诞生。

生：红船是中国共产党的"母亲船"。红船，不仅仅因为船身颜色是红色的，更重要的是它昭示着崇高的信仰，是中国共产党梦想起航的地方。

师：同学们说得真棒！请大家思考：在中国共产党的百年历程中，是什么让共产党人能克服艰难波折，奋斗不息？是什么能让中国共产党在内忧外患的多重压力下突破险境，绝处逢生，直到今日成为东方强国？

生：我认为是中国共产党敢于斗争、敢于开拓、敢于创新的气概。

生：我认为是中国共产党人有前仆后继，不怕牺牲的精神。

师：同学们很会概括。这里包含着的精神密码就是精神信仰！一条小船，诞生一个大党，红船精神是在中共一大召开时衍生的革命精神，习近平总书记指出，红船精神是开天辟地，敢为人先的首创精神；是坚定理想，百折不挠的奋斗精神；是立党为公，忠诚为民的奉献精神。这三种精神，首创精神是灵魂，走农村包围城市路线，到摸着石头过河的改革开放，都是首创精神的体现。信仰就是方向，就是旗帜，大家知道我们的党旗包含着怎样的图案吗？

生：红色的党旗上是中国共产党党徽，为镰刀和锤头组成的图案，图案为金黄色。

师：大家要学会透过现象看本质，这样的设计包含着怎样的含义？

生：中国共产党党徽是中国共产党的象征和标志。锤子、镰刀代表工人和农民的劳动工具，象征着中国共产党是中国工人阶级的先锋队，代表着工人阶级和广大人民群众的根本利益。黄色象征着光明。

师：正是带着这样的信仰，我们中国共产党有着自己的初心与使命。中国共产党的初心和使命是什么？同学们可以参考阅读资料。

生：中国共产党从诞生那天起，就没有自己的私利，而是以全心全意为人民服务为根本宗旨。

生：中国共产党人的初心和使命，就是为中国人民谋幸福，为中华民族谋复兴。这个初心和使命是激励中国共产党人不断前进的根本动力。

师：非常准确，中国共产党不变初衷，靠着坚定的理想信念和百折不挠的革命精神，由小到大，由弱变强。为了完成"民族独立和人民解放"，"国家繁荣富强和人民共同富裕"这两大历史任务，谁能说一说，中国共产党历史上从革命时期、建设时期、改革开放、一直到现在的社会主义新时代，都涌现出哪些可歌可泣的英雄人物？大家可以抢答。

生：我想到了毛主席，是毛主席让中国人民站起来了！

生：我想到了董存瑞炸碉堡，黄继光堵枪眼。

生：我想到了抗战时期，英勇的狼牙山五壮士。

师：同学们，抗战时期，我们的家乡也涌现出许多英雄，我们不能忘记！

生：我们家乡的抗战英雄我想到了赵尚志、李兆麟、杨靖宇，连敌人都非常佩服他们！

生：我想到了雷锋，他全心全意为人民服务，做好事不留名，好事做了很多很多。

生：我想到了邓小平，实行改革开放。

生：我想到了焦裕禄，他在兰考盐碱地战风沙，最后献出了生命。

生：我想到了钱学森、邓稼先，他们在国家极其困难的时刻研究发射"两弹一星"，让中国人扬眉吐气！

生：我想到了中国女排，时代在变，女排精神一直都在！

生：我想到了习近平主席，他主张全面脱贫，取得重大成就。

师：随着同学们的讲述，他们的故事仿佛就在我们眼前闪现！他们用坚如磐石的意志，用生命践行着一名共产党员的信仰，为党和人民的事业奋斗终生！他们是真正的英雄，是我们学习的榜样！

（多媒体总结。）

师：正是这样的初心和使命激励着中国共产党人不断前进，始终引领着中华民族不断前行，从站起来、富起来到强起来，特别是在社会主义新时期，我们提出了实现中华民族伟大复兴的中国梦。让我们一起跟随大屏幕，随着时间节点感受理解中国梦思想的形成与发展——

（学生阅读屏幕内容。）

师：谁来说一说中国梦是一个怎样的梦？

生：中国梦是十八大召开以来，习近平总书记提出的重要指导思想和重要执政理念，正式提出的时间是2012年11月29日。在国家博物馆，中共中央总书记习近平在参观"复兴之路"展览时，第一次阐释了"中国梦"的概念。

师：任何一种思想的产生都有它的"土壤"。

生：习近平总书记把"中国梦"定义为"实现中华民族伟大复兴，就是中华民族近代以来最伟大梦想"，核心目标可以概括为"两个一百年"的目标（到2021年中国共产党成立100周年和2049年中华人民共和国成立100周年），需要逐步最终实现中华民族伟大复兴。

师：同学们说得很精炼。我们每位同学都应该有这样的责任感与使命感。如果现在你是一名团员，将来要努力加入党组织，永远跟党走！早在2013年3月17日，十二届全国人大一次会议闭幕会上，新当选的中华人民共和国主席习近平就坚定表示："实现中国梦必须走中国道路，必须弘扬中国精神，必须凝聚中国力量。"大家知道中国道路是一条怎样的道路吗？我们要弘扬什么样的中国精神？需要凝聚哪些力量？

生：中国道路就是中国特色社会主义道路。

师：对。

生：中国精神就是爱国精神、奋斗精神。

生：我觉得红船精神、井冈山精神、延安精神，雷锋精神都是中国精神的一部分。

生：老师，我有个疑问，中国精神是否还应包括社会主义建设时期形成的南泥湾精神、"两弹一星"精神、改革开放以来的铁人精神、北大荒精神、载人航天精神、抗洪精神、抗震精神？

师：是的，中国精神在不同的历史时期有着具体的表现。

生：我觉得凝聚中国力量，我们要团结，凝聚全中国人的力量。

师：同学们表述得太精彩了！老师欣喜地看到大家已经学会进行知识上的串联，通过时间轴表述问题，非常好。此处应有掌声！凡事要追根溯源，挖掘事物的本质，这是认识事物的方法，大家要记得。教师再补充一下，还应包括新冠肺炎疫情以来形成的抗疫精神。我们通过一段视频短片《百年恰是风华》追忆党的光辉岁月,体会中国精神的力量!

(学生观看短片。)

师:请大家说说观看短片的感受。

生:我感受到了中国共产党的诞生是中华民族历史上开天辟地的大事,由此开启了中华民族精神的新觉醒和新升华。

生:给我印象最深的是中国从改革开放以后飞速发展,已经成为世界第二大经济体,人民的生活越来越好!

生:我的感受是中国在共产党的领导下不断强大,中国自主研发的高铁技术不断成熟,中国天眼、港珠澳大桥、北斗导航系统……现在中国的华为企业已经制造出SOC,三级缓存,不亚于美国的英特尔和韩国的三星,这是我们中国人的骄傲!

师:太棒了,你是善于研究的孩子!

生:我感受了中国力量的大国风范与担当,新冠肺炎疫情期间,中国派出大量医疗队前往外国,捐献大量医疗物资,包括研发的疫苗。

师:同学们的感受很深刻。百年来,中国共产党从红船到巨轮,弘扬和培育了伟大的中国精神,这是凝心聚力的兴国之魂、强国之魂! 总结起来,中国精神是指以爱国主义为核心的民族精神和以改革创新为核心的时代精神。习近平总书记在庆祝中国共产党成立100周年大会上的重要讲话中指出:一百年前,中国共产党的先驱们创建了中国共产党,形成了坚持真理、坚守理想,践行初心、担当使命,不怕牺牲、英勇斗争,对党忠诚、不负人民的伟大建党精神,这是中国共产党的精神之源,更是新征程上我们勇往直前的动力! 请大家思考,习近平总书记强调,"中国梦归根到底是人民的梦,必须紧紧依靠人民来实现,必须不断为人民造福"。中国梦第一个百年目标已经实现,第二个百年目标开始启航,此时此刻,站在百年交汇的历史节点,作为中学生,你应该做些什么?

生:"打铁还需自身硬",我们应该珍惜时间,努力学习,学好更多的本领。

师：回答得很实际，很用心。

生：我们应该关心国家大事。

生：我们要热心公益，多做力所能及的事。

生：我们应该传承红色精神，传承好中华传统文化。

生：中国创新方面还有很多成果，我要多关注科技的发展。

生：我喜欢军事，建设军事强国，有我一份！

生：我要锻炼自己的创新思维，把中国制造全面变成中国创造，未来的中国是创新的时代，不想被时代抛弃，就在从现在开始加油！

师：看得出来大家积累得很全面，关注的内容很广泛，新时代的中学生就应该全面发展。经济决定着政治，发展是硬道理。我们还要积极进取。幸福不会从天而降，我们不能坐享其成。中国共产党不忘初心，坚持以人民为中心的发展思想，我们创造了很多奇迹，同时，中国共产党胸怀世界，倡导"一带一路"，构建人类命运共同体！请大家看阅读资料，结合屏幕上的地图，说一说你所知道的"一带一路"！

生：我想到汉朝张骞出使西域，传播汉代文化，进行贸易往来。

生："一带一路"的全称为"丝绸之路经济带"和"21世纪海上丝绸之路"，是中国国家主席习近平于2013年9月和10月在出访中亚和东南亚国家期间分别提出的合作倡议，得到国际社会高度关注。

生：（走到讲台，结合地图讲述）丝绸之路经济带战略涵盖东南亚经济整合、涵盖东北亚经济整合，并最终融合在一起通向欧洲，形成欧亚大陆经济整合的大趋势。21世纪海上丝绸之路经济带战略从海上联通欧亚非三个大陆和丝绸之路经济带战略，形成一个海上、陆地的闭环。

师：作为一个新兴大国，中国有能力、有意愿同时也有责任为完善全球治理体系贡献智慧与力量。面对新挑战、新问题、新情况，中国给出的全球治理方案是：构建人类命运共同体，实现共赢共享，而"一带一路"倡议正是朝着这个目标努力的具体实践。

生：我认为世界是相通的，举个例子，就像目前日本倾倒核废水事件，这在亚洲和欧洲都是值得商讨的难题。众所周知，核废水里包含很多影响人身体健康的化学元素，会导致生物畸变，核废水排到海里，上升为体积云，下雨时落到陆地上，对动植物都有影响。对于这样的事，我建议全世界应该共同商量怎么办，尽量避免这样的悲剧发生。

师：为你的全球思维点赞！构建人们命运共同体关系同学们，"一带一路"倡议涵盖了发展中国家与发达国家，实现了"南南合作"与"南北合作"的统一，有助于推动全球均衡可持续发展。非常幸运，我们黑龙江省在丝绸之路经济带中，请大家思考，我们的家乡如何借助"一带一路"的东风，实现"龙江大发展"？

生：我们可以发展冰雪文化，借助冰雪节，打造冰雪旅游。

生：哈尔滨是冰城夏都，东方小巴黎，城市的很多建筑异域风情浓厚，我们可以深挖旅游元素，进一步发展我们的城市建设，经营好特色家乡美食，吸引各国游客，促进城市经济繁荣。

生：我们的五常大米全国闻名，因为光照时间强，大米营养丰富，我们可以进行大米的深加工，对外出口，推进城市发展。

师：想法非常可行，用五常大米制作成的米线估计味道会不一样！

生：我知道哈尔滨与深圳市是对口合作城市，我们可以学习深圳的先进经验。

师：建议学习经验还要因地制宜，具体问题具体分析，从黑龙江省的实际情况出发，注意沿边城市与沿海城市的差异。

（教师播放背景音乐《不忘初心》。）

师：同学们，老师被你们的热望与情怀感染，四九学子有担当！课堂时间有限，今天仅仅是打开了一个门缝，百年党史蕴含着巨大的宝藏，等待我们每位同学去探寻,去发现！让我们坚定信念,不忘初心,汇聚磅礴力量,启航新征程,勇担民族大任！加油！

融合信息技术,提升育人实效——政治学科信息技术融合课例。

一直以来,学校政治组紧跟2.0信息技术应用能力提升工程,深化学科内涵式建设,消化理解5G时代课堂教学的呈现效果。因为政治课涉及的领域广,教材内容难度也大,在课堂上没有更多的时间拓展,所以我们尝试采取运用希沃白板中的知识胶囊录制微课的方式来进行适当的拓展。如在国家安全教育日时,录制5分钟介绍国家安全教育日的视频,其中包括了一些知识点。之后又用问卷星APP(应用程序)做了一个与视频有关的知识问卷,学生在看完视频后进入问卷星回答相应的问题。我们在后台可以看到学生的参与数量和答题质量,这既是对学生学习的一个检验,也是用这种新的学习形式调动学生的学习积极性,相信他们对国家安全教育日的相关内容一定能熟记于心。

这种方式不会占用学生的大块时间,也不会占用课堂正常的教学时间,轻松地完成了学生的知识拓展,达到了事半功倍的教学效果。初尝甜头后,我们又陆续尝试录制了系列微课,比如崔老师录制了"中国梦"一课,补充了课堂中的内容,提升了学生对实现中华民族伟大复兴的中国梦的认同,增强了师生的"四个自信":道路自信、理论自信、制度自信、文化自信。未来我们会把录制微课作为工作的常态内容,寻找相关小程序、APP等,不断探索更加适合本学科的技术和手段。目前,尝试运用快手快问快答方式开展百年党史教育活动已初见成效,期待未来不断融合信息技术,带给学生不一样的思政课。

课程是实现教育目的的重要途径,是组织教育教学活动的最主要的依据,是集中体现和反映教育思想和教育观念的载体。回顾学校"1+X"拓展型课程的研究和实施过程,一方面取得了较为突出的教学效果,另一方面教师的团队成长得到优化,并在"存疑—求证—改进"的过程中不断提升课程的品质。

第七章

研究型课程的项目化实施

研究性课程是学校"金字塔"型课程体系的顶层。它主要是以项目式学习为主的"分层+分类"的研修课程，是金字塔课程的顶级课程。它可以培养和展现学生综合能力和素养，是融会贯通运用和创新、创造能力的课程，是培养学生开放性高级思维能力的重要载体。研究型课程是在教师的指导下，以学生发现、提出问题为课程起点，以研究过程、体验过程、实践过程为课程核心，充分发挥学生自主能力、自理能力、自治能力，强调团队合作，重视实践体验的课程。学校所开发的研究型课程，主要针对学有所长、学有余力，敢于探索、善于思考研究的学生，能够培养学生创新精神和实践能力。研究型课程是以"课程项目"的方式吸引有相应想法的学生和相应专长的教师，从而组成研究团队展开实施。

·········第一节
研究型课程的构建依据与确定思路········

在目前的课程改革中,研究型课程正以特有的开放性、自主性、综合性、过程性引起人们的关注。研究型课程的突出特征是坚持学生在课程实施过程中的"自由选题,自主探究和自由创造"。学校研究型课程的构建依据与确定思路可以从以下几方面来进行分析。

一、构建依据

（一）研究型课程的定位

研究型课程是在教师的指导下,学生自主地运用研究性学习方式获得和应用知识,发现和提出问题,再根据各自的兴趣、爱好和条件,从学习生活和社会实践中,选择不同的研究课题,用科学研究的方式,独立自主地开展研究,主动地获取知识、应用知识和解决问题,从中培养创新精神和实践能力的一种课程。这种课程的突出特征是坚持学生在课程实施进程中的"自发选题、自主探究和自由创造"。研究型课程以问题为起点,以研究过程、体验过程、实践过程为课程核心,面对学生整个生活世界,充分发挥学生自主能力,强调团队合作,重视实践体验,是基础教育课程的重要组成部分。它有利于改变学生单一的学习方式和大一统式的学习过程,能够培养学生的创新精神和实践能力,发展学生的多元智能,使其形成健全的人格,对于促进学生整体和谐地持续发展具有独特的作用。

(二)研究型课程的理念

1.关注学生兴趣特长,培养其创新精神和实践能力

研究型课程鼓励学生从自己的兴趣出发,自主地选择切合学生实际的问题开展研究,进而体现出学习是一个积极主动的过程。学生可以自主选择或组建研究团队,选择和主动提出研究项目的内容,通过研究性学习获得对自我价值的认识和实践的体验。课程为学生多元智能的发展提供平台,让学生发展自己的个性和施展自己的才能,鼓励学生敢于质疑,愿意实践,勇于创新,追求卓越。让学生在对各种现象的观察、发现问题和解决问题的过程中,展现和增强自己的创新精神和实践能力。

2.基于问题的研究,面向真实世界

研究型课程让学生从自然界、社会生活中选择和确定研究的问题,运用观察、调查、实验、猜想、分析、推理等手段,在真实的生活环境中开展研究、解决问题,获得直接的体验和经验。

3.优化课程学习方式,丰富学生学习经历

研究型课程改变学生单一的接受性学习方式,倡导自主探究、实践体验和合作交流的学习方式,让学生学会运用多种学习方式,尤其是学会对各种问题开展研究性学习的方式,以适应快速变化的现代社会。研究型课程充分利用科技馆、博物馆和青少年活动基地等场所开展多种实践性、体验性的学习活动,拓展学生的学习时空,丰富学生的学习经历。

4.注重过程评价,促进学生不断发展

研究型课程不仅重视对研究结果的评价,而且注重对研究过程的评价,对

研究的问题、研究的方案、研究的实践和研究的成果进行全方位、全过程的评价,充分发挥评价的反馈、激励、反思、导问的功能,使它真正达到促进学生发展的目的。

5.加强课程整合,发挥课程整体效益

我国基础教育的学科体系更多地借鉴了苏联的基础教育课程体系,学科知识比较注重学科的独立性和系统性,而忽视了社会、生活和科技等学科间知识的融合性和整体性。芬兰教育最大的特点是消除了学科固化的思维,从生活、生产中的现象、问题或项目入手,引导学生学习和研究。其目的是建立学生整体思维链条,增强学生思考、研究、探索和解决问题的能力。因此,研究型课程加强对课程内容的整合,它将自然、社会等各方面的内容以及学科知识、学生的学习经历与经验有机地融合在一起,课程的内容主要来自社会生活和人类面临的社会问题。教师引导学生从社会学习论的观点出发,帮助其构建从整体性思考问题和解决问题的思维与方法,课程面向学生完整的生活领域,这有利于学生的全面发展。

首先,要加强课程和教学的整合。教学不仅是课程实施的过程,也是课程开发的过程。在研究型课程教学过程中,师生共同开发和构建课程,课程的内容持续生成和转化,课程的意义不断建构和提升,教师和学生在合作开发和实施课程的过程中共同成长与发展。

其次,要加强课程和信息技术的整合,把信息技术作为研究的工具、成果展示和信息交流的平台、学习评价和课程管理的手段。让信息技术融入整个研究型课程开发和实施过程中,使研究型课程出现崭新的面貌。

加强课程资源的整合,让学生走出课堂、走出学校,走向家庭、走向社会,将学校、社会和家庭等各种资源进行充分的整合,实现学校、社会和家庭教育的一体化,促进课程功能的进一步拓展。

二、确定思路

（一）项目的主题来源于学生生活实际，具有综合性

项目式学习的内容没有现成的教科书，也不是书本上的某类知识，它需要教师团队有发现的眼睛和创新想法。主题在选择时，要考虑学生的年龄特点和知识的多元融合，但更重要的是要选取学生在实际生活中可以接触到但没有系统思考和研究的问题。

（二）项目的研究指向学生的综合思维能力，具有生成性

项目式学习的研究过程是一个动态生成的过程。学生需要通过综合实践调查、走访、收集数据、问题归类，生成新问题，再运用所学各种学科知识，或者类比学科的研究方法，以及多元思维的综合能力去不断探索和发现。教师更多是学生的研究伙伴和项目导师，对学生进行研究方向的调整和指导，组织学生分成研究小组，共同确定小课题。

研究型课程在目标上的特点表现为目标的开放性。课程目标不仅指向某种知识内容，而且还指向各种知识的综合探究过程，指向在这个探究过程中学生所发展的探究意识、探究精神和探究能力，指向中学生对各种知识的综合探究过程的情感体验。同时，这些目标指向在不同的课题探究过程中有不同的侧重，除探究能力和探究精神外，中学生在探究过程中所达成的知识目标是开放的。

（三）项目的研究要注意整体建构，具有关联性

项目式学习是一种系统化的教学方法，基于一个具有挑战性"问题"或复杂性"难题"，需要师生跳出学科本位的思想，注意到"问题"间的内在关联与影响。在教师的推动而不是指示下，学生进行不断地探索，这可以使学生人文底蕴、信息技术、学科素养、艺术涵养、智能方法协调发展。

（四）项目的开题与推进注重解读，具有选择性

研究型学习的项目主题，由研究导师团队系统开发，选择中学生比较适合的、感兴趣的领域。开发导师团队要通过宣讲等形式召开项目发布会，向学生们介绍课程项目的主要内容和研究的价值，以及导师能提供哪些支持，需要具有什么知识储备或技能的学员。要避免学生对项目的标题产生错误认知，避免学生盲目参与，避免学生在研究中途放弃学习。要使学员真正了解，并从兴趣出发。只有这样，学生才能在真正选课时，选择自己喜欢和擅长的领域或课题去深入研究。

研究型课程以开展合作性的、综合探究性的课题活动为主要的学习方式。在实施过程中，教师在组织形式的选择上，应体现出合作性与独立性相结合的特点。因此，在课程的组织形式上，既有体现独立性的个体活动的过程，也有体现合作的小组活动的过程，还有体现集体性的全班交流活动。在某一个课题的探究过程中，这几种形式都会出现。

回顾总结学校研究型课程的理论与实践探索，我们只能说这是一个开端。实践证明，研究型课程是一种面向全体学生、在培养学生创新精神和实践能力等方面具有一定实效的课程形式。它所蕴含的教育资源及课程结构的完善与优化的确使我们看到了希望。

·········第二节
研究型课程的体系框架内容····················

要培养学生的创新精神和实践能力，必须要有效地改变以往以知识接受为主的学习方式。这一点，已经为越来越多的人所认识和重视。近年来，学校有关"研究型课程"的探索在理论研究和实践操作上都取得了一定的突破，这为落实、推进中学的素质教育提供了新的思路和生长点。

什么是研究型课程呢？要准确界定研究型课程，首先必须确定研究型课程的本质特征。从试验中的研究型课程的形态看，研究型课程以学生的兴趣和需要为出发点，充分发挥学生的主体作用，重点发展学生科学研究的态度与能力。它没有统一的内容，而是以研究课题的形式融合各门学科的知识，注重研究过程，评价上以形成性评价为主。

如果说拓展型课程是激发学生研究兴趣的"发动机"，那么学校的研究型课程则是学生开展研究的真实"感受器"。较学科课程而言，研究型课程在课程内容、教学活动方式、课程评价方式上偏重对探究能力的培养，如程序性知识、内隐性知识和个人化知识的学习是一种探究式、开放式和以过程为中心的学习体验过程。

为了适应知识社会培养创新型人才的需要，开设旨在发展学生的创新能力

（包括相关的其他能力，如寻求、综合、运用知识的能力）的研究型课程是必要的。研究型课程根据需要可以灵活融合各门学科知识，但它与目前一些学校开展的奥赛训练或讲座活动不同。它不是学科课程的拓展、加深，也不是补充，而是一门独立的课程。当然，研究型课程并不排斥学科课程，它要以各门学科课程的知识为基础，同时也有利于学科课程的学习，两者应是课程体系中相互独立又相互联系的两个重要组成部分。

学校课程体系中，研究型课程侧重培养学生创新精神和实践能力，让学生了解研究方法的规范性。学校以微课题为切入口，构建科技与人文两大研究性平台，鼓励每个学生参与"课题"项目探究，重点强化学习问题研究、方案设计、决策优化的方法，有效提升学生解决问题的综合能力，提高学生的创新素养和层次。如导师们指导学生进行的"关于独居老人声控报警装置的研究"，先后经历了"问题陈述—方案设计—行动规划—实验研究—专家论证—总结反思"六个阶段。学生把来自现实生活的真实问题作为研究对象，在探究、体验、实践和行动中，更加具有问题意识、公民意识、规则意识、法律意识、国家意识。

研究型课程注重实践活动的开展，注重培养学生的品德素养、文化认同和对优秀传统文化的尊重，提升学生的团队合作与竞争、社会沟通与适应等能力。学生在教师引导下了解研究性学习的基本过程，掌握课题研究的基本方法，通过建立研究小组、制订研究方案、确立研究分工、自制调查问卷、走访研究实地、发现问题、解决问题、展示研究成果等过程，逐渐提高自身的分析表达能力，初步掌握科学研究方法并体验课题研究中的科学精神和严谨态度。

研究型课程不仅限于发展学生的创新能力和态度，它的目标是多元的。学生在研究、探索问题的过程中，要能充分利用多种渠道寻找资源，要能对各种信息资料进行分析、整理并从中提炼出有价值的信息，要能根据研究的需要整合各门学科知识并在研究中运用，要能熟练地使用获取信息的工具如电脑、网络等,要能规范地撰写科研小报告或以其他适当的方式呈现自己的研究作品。这样就锻炼了学生寻求、综合、运用、表达知识的能力,同时也加深了他们对学科知识的理解、感悟和体验,有利于学生掌握学科课程的知识。学生在研究过程中还要进行多种实践活动,这既提高了他们的实践能力,又增加了直接经验,与书本上的间接经验形成有效互补。在学科教学中,学生主要与教师发生关系,研究型课程则不然。学生在研究的过程中,一般要组成"课题"小组,在重视个人作用的同时分工协作,主要依靠集体的力量完成研究过程,这更有利于培养学生的交往、合作和团队精神。另外,研究型课程以学生为中心,从学生的兴趣和需要出发,这也有利于激发学生的好奇心与探索热情,发展他们的自主意识。由此可见,除创新意识和能力外,研究型课程在其他多方面也具有较高的内在价值。

一种新的学习方式的掌握和运用,需要依托相应的课程载体。每个学生都是有学习潜能的,而研究型课程给学生学习潜能"富矿"的开发提供了很好的机会,它扩展学生多元学习的体验,激活了学生在学习中的"知识储存"。

··········第三节
研究型课程的分支构建 ································

　　一种新的课程形态能够在学校实施，必然需要相应的学校文化作为支持。研究型课程从开发到实施都是基于学校、为了学校，学校是课程实施的主体。新课程建设基于这样的信念："学习"而非"教授"、学生是教育的根基。因此，要让研究型课程有效得到实施，学校课程管理必须有所变化。

　　研究型课程作为一种校本课程，是以学生和教师为开发主体、以学生作为实施主体而存在的。它的生存与发展需要有相应的课程管理文化作为保障。过去的课程管理都是为了"教"而设计的，研究型课程则是以学生自主探究为特征的新的课程形态，因而需要建设一种为"学"的课程管理文化。课程管理是学校管理的一部分，并且是特别重要的核心部分。重建学校课程管理文化，充分盘活校内所有资源，是有效实施研究型课程的关键所在。超越现行的课程管理文化，引导学校教师成为课程与教学的领导者，这是课程管理文化转型的重要追求。经过多年研究型课程实施的试验，学校主要从以下几方面着手研究型课程与教学管理的构建工作。

一、组建多元化的课程管理共同体

课程管理需要共同的努力,而不是校长一个人的事情。这需要让每一位教师和学生共同成为课程与教学的管理者与领导者,需要有一个多元主体的课程管理共同体,这样才能够保证研究型课程得到有效的实施。研究型课程包括多个管理主体,既涵盖教育行政工作者、课程专家、学校教师、学生、家长,也涵盖社区、社会等主体,研究型课程需要多个主体共同参与课程的实施管理。在每一个运行环节,都要充分反映不同主体的愿望、需要、建议和意见,才能不断完善课程的运行管理机制,使得课程成为动态的连续发展过程,成为不断自我更新与完善的有机系统。为了宣传研究型课程的理念,形成共识,校长带领学校领导到外地考察学习或参加相关的专业培训。

为了让"研究"的理念成为一种共享的愿景,校长逢开会必讲"研究"。自研究型课程实施以来,学校的课程管理队伍非常注意吸收校内外各方代表,包括教育行政人员、课程开发组长、科研室主任、教育方面的专家、教师、学生、家长等,既有校内专家,又有校外专家,能从多角度分析问题、解决问题,使课程管理与实施更为有效、更加科学。教育行政人员主要包括校长、副校长、主任等,主要是把握研究型课程开发的总体方向和全程的调控,提供各种政策支持。学校还聘请了校外课程专家进行指导,他们为学校提供课程理论和开发技能方面的指导,为研究型课程的开发与实施提供咨询或技术指导。

学校也可组成教师课题研究小组,他们是研究型课程管理的中坚力量。因为他们最了解学生的实际需要以及本地区、本校的实际情况。他们亲自参与并分别担任小组的指导教师,直接监督并保证课程的有效实施。他们是研究型课程质量管理的关键人物。而学生同样是课程管理共同体的重要成员,各研究小组组长是研究型课程实施质量的主要责任人,也是小组课程实施管理最为重要的人物。研究型课程的重要特点就是关注学生的选择权,学什么、研究什么是由学生自己决定的。学生对于课题选择负主要责任,在课程实施的过程中,学生组长是主要的领导,这是课程民主化管理最重要的体现。

引入学生作为课程的开发者与管理者,是因为研究型课程的起点和终点都是指向学生。以任务为驱动力,可以更好地调动学生参与管理的责任感,从而让他们以主人翁的态度投入到各自的研究当中。研究型课程第一次使学生有机会参与、表达自己学什么和怎样学的愿望,第一次有机会参与课程的决策与管理。研究型课程要求各小组自定目标,对实施的质量负责,从他们亲口表达、亲身体验的角度促进他们个性化的发展。学生参与研究型课程的实施与管理不同程度促进了学生个性的形成与发展。学校也鼓励家长参与课程管理。从一开始,学校便把家长作为课程开发与管理的主要力量之一,作为学生实施研究重要的一翼,这是因为研究型课程实施大多数要在课外完成,需要得到家长的认可和支持。只有合理地接受了他们的意见,获得了他们的认同,研究型课程方案的研制、实施与评价才会更加顺利,效果才会更好。

二、重建课程管理制度

政策支持是研究型课程得以顺利实施的有效保证。研究型课程从最初的学生选题,即课程的开发,到课程实施的实践过程,都需要有相应的政策规定与保障,这为研究型课程的开发与实施注入了直接的动力。在这一点上,学校可以出台一系列相关的政策与措施来保证研究型课程的开发与实施。从时间的分配到人员的调配,从关系的协调到具体问题的处理,学校充分为研究型课程的实施提供制度和组织保障。信念影响行为,只有真正相信的东西,人们才会努力去做。研究型课程也一样。所以,学校共同享有校本课程开发与管理的意识至关重要。只有各相关人员相信学生能够自主学习,形成了正确的、科学的课程开发与管理意识,才能确保以学生为主体的研究型课程有序、合理地进行。

为此,学校领导集中学习大量有关校本课程管理与开发方面的理论,参加各种级别的校长培训,提升自己的管理理念。同时,学校还积极引导和协助教师、家长、学生参与学校研究型课程的校本管理,使他们了解研究型课程开发与管理的目标,以取得他们的支持与认可。学校还通过"告家长书"、召开家长会等途径,以简明扼要的方式把研究型课程的开发与实施的目的、计划、可能取得的效果进行介绍,以取得他们物质或精神方面的支持。可以说,过去几年来学校所取得的成效,与家长以及学生们有较强的参与课程管理的意识是分不开的。

三、重建教师文化

研究型课程的开发与管理的主体应当是教师和学生,教师和学生的水平和素质高低直接影响着研究型课程实施的质量。一直以来,我国教师在课程系统中属于被动执行者的角色,教师非常缺乏课程开发和研制的知识与技能。在学校,教师被要求参与学生的课程设计和分组管理时有些束手无策,因为一直以来,教师习惯了依赖教材,习惯于参照书本操作,一旦被要求参与课程内容的开发、设计和实施,便感觉无从下手。经过一年多的实践,教师们掌握了研究型课程开发的基本原则和基本精神,也了解了研究型课程开发、实施与管理的基本技能和技巧,逐渐意识到了"教师即课程开发者"的责任。研究型课程改变了教学组织方式,教师成了课程实施过程的主要领导者。由于参与了研究型课程的开发与管理,教师在教育观念上得到了更新,主动积极地向研究型、专家型教师方面努力发展。同时,该课程也唤醒了教师的"大教育意识",使得他们愿意主动与同事、专家、学生、校外团体、家长等合作,互通有无,从而促进了教师角色的转换与反思精神的形成。

学校逐步完善校园研究型课程体系，或以走班形式、或以整建制班级为教学单位，开展研究型课程的教学实践，并已取得一定的教学成果。这其实也是多年新课程改革实践中坚持以学生为主、促进学生自主学习能力与创新能力发展理念，深入教师教学意识的一个成功之处。

·········· 第四节

创新引领实践：
研究型课程的实施策略与案例··················

当前，培养创新精神和实践能力已经成为我国整个教育改革的灵魂，各地进行的课程和教学改革也都以培养学生的创新精神和实践能力作为主要目标。学校以研究型课程的开发和实践为突破口对中学课程改革进行了积极探索，经过几年的课程改革和实验，已取得了显著成效。

研究型课程的基本组织形式是课题研究，它要求学生模拟科学家的研究方法和研究过程，通过假设、想象、实证等方法提出问题并解决问题。因此，研究型课程的重点在于培养学生的创新精神，发展他们的创新能力。正是在此意义上，研究型课程才具有了不可替代的重要性。因为在知识里寻求、发现、创造知识的能力比掌握现成的知识更重要，这是知识社会发展的原动力，也是社会进步对教育提出的挑战。现在的中学课程注重向学生传递现有知识、发展基本技能，不足以应对这一挑战。而旨在培养学生创新能力的研究型课程则具有这个优势。当然，中学生的"研究"还只是科学研究的模拟，不是严格意义上的科学研究，不够严谨和规范，其结果也多是已有知识的"再发现"。在研究型课程的实施中,研究是手段而非目的。学生运用了科学研究的思维方式和研究方法,使他们的创新意识和能力得到了提高,发展了适合知识社会需要的素质,这是最重要的。具体而言,学校研究型课程的实施策略包括以下几点:

一、规划好学期研究型课程的探究学习进度

虽然研究型课程没有统一的教学内容和教学进度,但是指导教师对自己所承担的研究型课程应该制订一个学期的教学进度。该进度对于学生而言,是完成长课题研究还是短课题研究初步的学期规划。学生如果是做短课题研究,那么在一学期中,学生能做几项短课题研究,能完成几个有一定质量的研究小课题? 如果是一学期内完成一项长课题研究,那么如何指导学生按课题研究的科学方法步骤一步一步地体验探究、完成长课题的研究? 如果需要一年甚至更长时间完成的研究课题,那么学生在本学期应实践课题的哪些阶段? 怎样的研究学习成果算完成学期的阶段研究任务? 诸如此类问题在教学进度中都应有所体现。

从促进学生认知能力的发展、养成学生按计划完成探究学习任务的严谨学习态度来看,研究型课程的教学进度应向每个学生公开,让每个学生知晓。或者,在教师制订教学进度的同时,要求学生自我制订参加研究型课程学习的学期进度计划,也就是师生共同讨论,制订研究型课程的教学进度。这也更能体现以学生为主体的教育理念,同时也便于师生都能按计划完成研究型课程的任务。

二、确定学生研究活动的指导水平

根据学生参加研究型课程的不同经历与学生对研究性学习的理解与探究,教师应对所使用的科学指导方法有不同程度的掌握。研究型课程中教师的指导,可分为有结构探究、指导性探究和自由探究三级水平。对于中学低年级学生,或者首次参加研究型课程学习的学生,宜提供"有结构的探究"指导;对于略有探究学习经验的学生,可提供"指导性探究"的学习指导;对课题探究学习经验较为丰富的初、高中的高年级学生,可充分放手让他们实践"自由探究"的学习活动,自主完成课题研究,使他们尽可能多地获得发展自我能力的学习实践空间。

三、确定学生研究活动的组织形式

研究型课程实施的组织形式,主要有个人独立研究、小组合作研究和全班集体讨论。一般而言,针对初次参加研究型课程学习、对如何实践课题研究学习活动比较茫然的中学低年级学生,指导教师采取有结构探究指导、全班集体讨论研究的形式比较合适。全班在同一个研究课题下可以设几个研究学习小组开展课程学习活动,小组间具有可比性,这能够形成组间探究学习效果与完成程度的学习竞赛活动,以激励学生体验研究型课程的学习。针对已经具有研究型课程学习经历的学生,教师应为学生创造自主探究的条件,实行小组合作探究的形式较为合适。每小组都有自己独立的课题,全班在3至5个探究课题条件下开展学习活动。从给学生提供更多自我锻炼、自我发展的角度考虑,设立三人一组的微小组探究学习,是促进学生人人主动探究、不做观望者的有效组织形式。对于学习能力较强且对课题研究学习活动比较熟悉的中学高年级学生来说,应鼓励他们在同伴的帮助下,实行个人相对独立的研究。这更能促进学生可持续学习能力的发展。对于教师来说,学生研究小组越分散、教学班级中课题越多,教师指导的难度就越高,工作量也就越大。但这也成为教师接受挑战、自我完善的一个极好的机会。

四、充分发挥学生课题研究的能动性

毋庸置疑,充分发挥学生课题研究的能动性,这是成功实施研究型课程的关键。学生课题研究可以尝试进行,而最难的则是选题。要坚持"相信学生能行""相信学生能够通过自主的学习活动自我悟出选题"的一般原则,进而提出更多的问题,并能够选出适合自己探究学习的问题,这需要教师对学生有信心。

确定课题后,教师要放手让学生自主探究,因为他们还有更大的发展空间。真正的自主探究活动,是必须有学生个人独立思维的时间与空间。在指导学生探究学习过程中,教师须把握指导的时间,在学生确实遇到困难、需要教师帮助的时侯及时给以引导,在学生可以自主完成学习的时间空间上,放手让学生自主地学习、自主地观察思考与实践,体验合作探究。研究型课程的教学指导中我们最需要摒弃的,就是以教师为中心、什么都要给学生讲透的机械式、接受式教学习惯。

五、指导学生安排好课内课外的学习任务

研究型课程的核心,是学生自主探究问题的学习活动。如上所述,学校和教师必须给学生提供自由探究的时间和空间。学生课题研究的学习任务,也必然有课内探究交流的学习内容和课外自主探究的内容之分,甚至包括需要组内成员背靠背独立完成分担任务的自由探究活动。这就要求指导教师要帮助学生分清并安排好课内、课外的学习任务。当教学班级课题分散、有多个研究小组时,教师应引导学生将课题研究共性的内容,或者课题研究过程遇到的困难和问题在课堂进行交流,在交流中获得他人的帮助,同时也让他人获得课题研究延伸性的体验。而对于具有自主课题特征的研究学习任务,则应指导学生多安排在课余时间去探索。长期以来,我们一直在提倡减负,让学生在课后不要

有太多的作业，从而能够自主地做自己想做的事、学自己想学的东西。学生在研究型课程中选定的研究课题，课外需要小组或学生个人独立完成的研究任务，就可以成为学生课余自己想做的事、自己想探究的学习内容，指导教师则应跟踪观察监护、分散辅导。

学生在实践研究型课程学习活动中，还经常会遇到这样的问题：我选定的问题该以怎样的形式开展研究学习呢？研究型课程的课题研究学习活动没有固定的模式可以套用，根据学生研究问题的性质，我们大致可以指导学生实施三种策略：基于项目的学习、基于问题的学习和基于设计的学习。

六、研究型课程的实施策略

研究型课程——项目研究课题化实施。研究型课程主要针对学有所长、学有余力、敢于探索、善于思考研究的学生，课程围绕"项目课题"展开研究，分为自上而下、自下而上两种形式，前者通过学校牵头组织成立研究团队，后者通过学生自由申报召集团队成员，最大限度调动学生参与热情。研究型课程能够培养学生的创新精神和实践能力，吸引有想法的学生和有相应专长的教师，从而组成研究团队进行展开研究。

研究型课程自上而下的实施过程为：动员培训、选择课题、招募成员、方案制定、方案实施。研究型课程自下而上的实施过程为：选择课题、申报课题、组建团队、方案制定、方案实施。在项目课题研究过程中，学生将实践体验中收集的数据进行综合，从中发现新问题，联系所学知识进行多元思考，并进行思辨论证，学生最终实现深刻解析问题，协同合作解决问题，并通过各种有创意的方式展示成果。

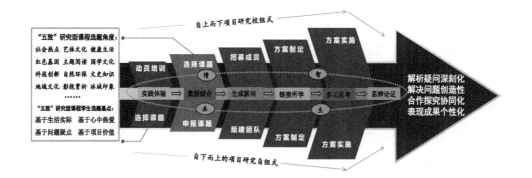

图7-1 情智目标导向下的"五致"研究型课程实施模式图

案例1: 我国独生子女政策已经实施三十多年,由此也带来了目前的老龄化问题。一个学生注意到此现象,提出了"如何满足老人的养老需要又不加重社会的负担"的问题,而这一问题就可以衍生出"社区居家养老与敬老院专业扶持养老结合模式研究"的项目学习内容,学生可以在此项目中设计研究课题、开展学习活动。

案例2: 有学生注意到,目前WiFi等无线网络覆盖很普遍,拥有手机的学生也很多,课堂纪律不允许学生上课玩手机。音乐能使人在紧张的学习间隙得到放松,能否设计并制作出校园学生音乐交流的平台,让学生在课余时间可以使用手机聆听音乐进而得到放松呢?由此,无线网络传播的音乐知识与鉴赏交流平台研究的项目学习内容便构建出来了。

案例3: 学校开展校园突发事件的紧急疏散演练花费的时间较长,由此一学生提出了校园消防紧急疏散路线的研究和改进的研究课题。

案例4: 语文教学中包括许多不同诗人的诗歌,每位诗人的人生经历不同,往往诗歌的风格也不同,语文学科开展以"诗人的生命历程对诗歌的影响"为主题的项目式学习,打破教材界限,打破学科界线,文史相融,便于学生从整体的角度去研究问题。

如"诗人的生命历程对诗歌的影响"——以杜甫为例,唐代现实主义诗人杜甫的诗歌在语文部编版教材各册中均有呈现,课内阅读有《江南逢李龟年》《望岳》《春望》《石壕吏》《茅屋为秋风所破歌》,课外阅读有《月夜忆舍弟》,分布在不同的学年的教科书里。我们通过基础型课程,对杜甫的古诗进行集中学习,领悟诗人作品的诗歌意境,结合创作背景,体会作者忧国忧民的爱国主义情怀。在拓展型课程中,打破学科界线,文史相融,通过"1+X"群文阅读,精读与泛读相结合,把古诗还原当时的历史,深刻理解古诗的深刻内涵。研究型课程,设定"诗人的生命历程对诗歌的影响"为研究性主题,打破教材界限,引导学生深入研究杜甫一生的经历与诗歌创作特点。

表7-1 "诗人的生命历程对诗歌的影响"的五致情智课堂

	基础型课程	拓展型课程	研究型课程
五致情智课程	通过"四三三"情智课堂文化,创设诵读古诗的情境,引导学生结合杜甫诗歌创作的背景,领会诗歌的意境,增强审美情趣,使学生深入感悟杜甫忧国忧民的爱国主义情怀	打破学科界限,课堂教学融合不同学科,将杜甫的诗歌教学与历史学科相融合,通过拓展资料,引导学生了解晚唐安史之乱给人民生活带来的巨大痛苦,进一步把握诗人饱览民生疾苦,体察人间冷暖的济世情怀 通过"1+X"群文阅读,精读与泛读相结合,研读与品味相结合,如精读《石壕吏》,拓展《新安吏》《潼关吏》及"三别",使学生结合杜甫代表作"三吏""三别",更深入地了解诗人对民间疾苦的同情及在乱世之中身世飘荡的孤独,领会战争给人民带来的巨大不幸和困苦,激发学生的爱国情怀,提升学生的文学素养	通过项目式学习,设定"诗人的生命历程对诗歌的影响"为研究性主题,打破教材界限,引导学生广泛搜集关于杜甫的生平与诗歌创作特点,引导学生通过阅读杜甫不同时期的诗歌创作,思考诗人的思想轨迹,思考诗人的生命历程,明白杜甫的个人经历乃至诗文无一不体现出其对人生抱负的变化和一颗忠君忧国的执念;杜甫因此被称为是诗圣,和李白合称为"李杜",而他所写之诗更是给后人留下深远的影响,因此其诗被称为"诗史" 学生在项目制学习的过程中,学会知人论世,能够站在历史与文学的高度深度品评诗人及文学作品内涵,内驱力被唤醒,提升了阅读、审美等综合能力和语文的核心素养,培养了发散思维、批判思维能力

此外项目式学习是学生基础型课程、拓展型课程奠定扎实基础的前提下，使学生的知识视野、研究能力、创新思维得到由浅到深、由表及里、由感性到理性螺旋发展的，使学生的核心素养不断提升。

案例5：如"中央大街为什么会成为哈尔滨永恒的地标"这个项目，教师没有事先的任务主题，而是引导学生对"城市坐标"内涵去研讨。学生在争论和研讨中慢慢有了研究方向，初步确定从研究方向——经济、文化、历史、建筑、街道等维度去研究。而后，教师建议学生不要进行版块式的研究，因此，学生们再研究，重新确定研究方法：从百年老街的历史变迁来深入研究，用整合的思维方式去思考。教师对此提出研究什么、怎么研究，各个小组再集思广益，提交给教师方案各不相同，引导学生透过现象研究本质。各小组生成新的问题，如中央大街为什么在此选址（地理位置、政治意义）中央大街百年石街的铺设方法，（地理中的花岗岩、物理的力），中央大街建筑群为什么如此风格（历史、建筑知识）中央大街不同时期的经济价值（历史发展、地理人文经济）等，学生尝试运用学科整合的思想去实地考察、去相关单位走访、去图书馆查阅等研究。

研究型课程没有预设的、划一的内容，学生确定的课题不同，起点不一致，结果也千差万别。它关注的是过程而非结果，强调研究过程和方法的科学性，不以掌握知识为目的。研究型课程旨在帮助学生体验、掌握科学研究的基本思想及规范流程。因此，实施过程是研究型课程的重点。

第八章

"情智课程"的建设成果

　　"情智课程"秉持以情促智、以情促心的教育理念，鼓励教师利用情景和技能等因素挖掘学生潜能，创设出合理的教学情境激发学生的情感。师生在互动学习中逐步了解、熟悉并相互合作，从而达到以情感促心智的目标。经过全校师生的不断努力和探索实践，学校"情智共生，激发每一名师生潜能"的特色学校建设已在可持续发展道路上迈出坚实一步。这一过程中，师生携手同行，借力发展。哈尔滨市第四十九中学已形成了自己独特的校园文化和学校特色，提升了学校教育教学管理水平，提升了学校的核心竞争力，全校师生的精神面貌都发生了很大的改变，教师的专业素养不断提升，学生的学习热情不断提高。在各种各类比赛中，学校师生硕果累累，真正实现了师生精神文化与智能生命的共同成长。

········ 第一节

学生成长：
用破茧成蝶的信仰实现生命的蜕变 ········

　　学生的校园生活需要真爱、需要和谐、需要体魄、需要文化、需要诗意、需要艺术、需要远方,让每一名师生在每一个生活瞬间都有美好印记、成长收获、人生价值,其人生才会丰盈。多年来,哈尔滨市第四十九中学聚焦"中国学生核心素养"的框架要求,通过学校金字塔型情智课程的建设与实施,在多元丰富的课程浸润下,学生的身心、品格、学养、能力追求等都得到了长足的发展,使他们终身受益的能力和素养得到了培养,使他们更加适应未来社会发展的需要。

一、不同潜质的优秀学子在多元领域中脱颖而出

　　学生在"校园演说家"中侃侃而谈,从容自信,显示出极强的心理素质;在"校园辩论赛"中唇枪舌战、激烈交锋,展现语言的魅力、辩出思想的精彩,明确正确的观点与方向;在脱口秀中用自己的视角观察学校、洞察社会,用自己独特的语言方式描绘他们眼中的世界。自2005年至今,学生在一年一度的"一二·九"爱国运动相关课程中进行的班级风采展示,更是紧跟时代的主题进行设计,以合唱、舞台剧、情境表演、话剧表演等方式传承红色基因,融合多学科知识,提升

创新审美表现能力。

学校把美育纳入特色"五致"课程,为学生持续提供优质的学习资源,专业的引领、完善的教材、科学的训练都能够培植学生的艺体精神,提升其艺体特长,并通过学校社团宣传展示学校的育人文化。学校艺体社团课程围绕黑土文化、冰雪文化、红色文化等不断创作出精彩的作品,在各级各类大赛中载誉而归。舞蹈社团连续十年获得哈尔滨市三独比赛集体项目一等奖,并多次参加黑龙江省中小学生展演并获得一等奖,2019年、2020年分别荣获全国中小学生舞蹈大赛团体金奖。2021年由北京冬奥组委与教育部联合主办的"共迎未来"第二届"中外人文交流小使者"迎冬奥全国艺术总展示中的"迎冬奥倒计时艺术展演活动"中,哈尔滨市第四十九中学的原创舞蹈《长征》在全国2000多支舞蹈中脱颖而出,荣获全国二等奖,在中央电视台、《人民日报》客户端分别直播。2008年至今的学生舞蹈单项比赛中,学生获得国家级、省级、市级各级各类大赛前三名的共计182人。

声乐社团实现六声部同唱一首歌,连续七年获哈尔滨市声乐比赛初中组一等奖,2018年荣获哈尔滨市威尔特国际合唱指挥大师班优秀合唱示范团体荣誉称号,获维也纳国际合唱节演出邀请函。2021年建党百年原创歌曲《党啊,我是您的花蕾》获得黑龙江中学生合唱大赛一等奖。在"共迎未来"第二届"中外人文交流小使者"迎冬奥全国艺术总展示中的"迎冬奥倒计时艺术展演活动"中,《启航》《绽放》荣获全国三等奖。

此外,学校冰雪、篮球、排球、乒乓球、健美操、田径社团在各级各类比赛中捷报频传。冰雪项目中,花样冰雪运动员王泊沣是国家级健将。其于2019年荣获全国冠军赛第八名,俱乐部联赛第三名,全国青年运动会第四名,并通过国家花样滑冰等级测试双十级。花样滑冰运动员魏舒冰是国家二级运动员,其于2019年荣获全国俱乐部花样滑冰乙组第三名,全国青年运动会队列滑第一名。

短道速滑运动员胡俊熙同学是国家一级运动员,其于2018年获得国家邀请赛500米第七名,第十四届冬运会短道速滑少年组第七名。2023届冰球运动员安子锐获得2019年出国培训交流学习资格。学校为省市输送了多名冰雪优秀运动员。

2019—2021年,学校三次蝉联黑龙江省男子中学生乒乓球大赛冠军。在黑龙江省、哈尔滨市中学生乒乓球大赛中,男子、女子项目中荣获前三名共计9次,获奖人次达61人次。男子篮球在2020年荣获黑龙江省中学生男篮大赛亚军。

学生在各种各样的人文类比赛中多次获得市级一等奖,如哈尔滨市传承红色基因,讲好党史故事等大赛,在全国、省、市各种主题的征文大赛中获奖320多人次。科技类的各种省、市、区各种比赛中,学生获奖51人次。"五致"课程激发学生潜能,浸润学生情智,学生在思想情感、实践能力、学科素养上得以自由发展,不断生成自主奋进、自信阳光的优良品质。

二、知行合一的莘莘学子在多元的舞台上彰显风采

每一门课程背后都有学生实践展示的舞台,每个学生都会在体验课程中找到适合自己的人生舞台。学生在课程的浸润下丰盈情感、收获智慧,逐渐从青涩走向成熟。学生的每一个文字、每一幅图画、每一件艺术作品、每一句话语、每一次起跑跳跃、每一支歌舞中,都能够看到他们青春的风采,都能感受到他们的成长蜕变。在这一过程中,学生自我完善、自我提高,逐步培养了坚守美德、担当责任、乐于学习、阳光大气、彼此欣赏的内涵品质。

2017年,杨译童同学被授予黑龙江省新时代龙江好少年;2014年,董志荟同学被授予哈尔滨市"十佳"美德少年、全市十佳新时代好少年;2021年,刘栩铄同学被授予哈尔滨市新时代好少年。特别是在新冠肺炎疫情期间,学生被中国的综合国力与速度震撼,被"逆行无畏"的英雄感动,这极大激发了学生的爱国热情,增强了他们的政治认同、理性精神与国家自信。学生们主动自制手抄报、绘制书画,录制视频、音频朗诵,来表达自己的崇敬、赞赏与知识报国的决心。在医疗物资紧缺的时刻,2021届高佳鑫同学把多年攒下的3万元压岁钱,全部购买了口罩等物资,与父母悄悄地放到到社区派出所门前,转身离去。后期经过反复查找才知道是哈尔滨市第四十九中学的学生,她是哈尔滨市疫情捐资第一人,被黑龙江媒体称为"最美转身女孩"。2021届学生武天淳,他的父亲奔赴武汉,母亲投入紧张的医院防控工作,在姥姥家的他毅然选择坚强,以父母为榜样,与教师心手相牵,居家安心学习、自立、自制、自觉,用强大的心理品质、道德修养与守责态度展示了莘莘学子的正能量。这正是生活与时代大课堂带给学生们的心灵成长营养。

三、情智共生的学子在广阔的天地间持续发展

学生在特色课程环境中,不断形成自主奋进、自信阳光的优良品质,不断迸发出令人惊叹的生命潜能。许多学生在学校情智共生的课程熏陶滋养中成长,对某个领域产生了浓厚的兴趣,从而走上了专业发展的道路。如学校2016年毕业生陆禹含曾在学校艺体与涵养课程中,对表演产生了学习与研究的兴趣,后经专业学习,在2019年的高考中同时获得了北京电影学院、中央戏剧学院、上海戏剧学院全国前三名的佳绩,最终选择了北京电影学院表演系。还有许多学生在毕业后的学业和职业生涯的选择中也展现出学校课程对自身的影响。

2015级中考状元李尚松曾经是声乐社团中的一员,曾参与过校歌《筑梦》的演唱和录制。在庆祝中华人民共和国成立70周年大会阅兵仪式中,李尚松作为清华大学学生代表参加了在天安门前的无伴奏合唱。李尚松表达了他对母校的感恩之情,他认为,像自己这样一个未经过任何校外特长学习的学生,能从

层层选拔中脱颖而出,是获益于母校的声乐社团中的学习。艺体社团课程让学生的个性特长得以挖掘和发展,让其成长之路延伸得更宽、更远。

学生们在各种课程中获得了丰富的情智体验,也感受到了学校对其个人成长所倾注的心血,成为懂得感恩的人。每一年的"四九记忆课程"中,毕业生都会写下《扶摇之际,心恋于斯》的文字,许多学生还会结合体验型课程的所学,为母校送上表达其感恩之情的礼物。2019年毕业生贾贺然用7000多个乐高,做出自己深爱的母校校园建筑模型。7000多个零件代表他在学校生活的7000多个小时,代表着他对学校的深厚情感。

哈尔滨市第四十九中学的课程活动众多,活动形式多样,参与方式有其灵活性、开放性和自主性,这为校园文化新颖性做了良好的铺垫。中学生是校园文化活动的主体,它能够与时代接轨,继往开来,不断开拓创新。活动不但能继承优秀的传统文化,而且能营造出充满时代气息的现代文化。各种各样的课程活动,不但能挖掘出学校的文化底蕴,还能提升自己学校的品位,从而让每个学生潜移默化地爱上自己的学校,爱上自己的校园文化,为校园带来活力和生机。

每个学校都有自己的历史和文化传承,并会将学校课程活动作为载体,使校园文化传承下去。多彩丰富的课程活动也能引导学生健康成长,培养他们健康的人格,从而继承和弘扬学校的精神、道德文化。课程活动可以把学生的积极性充分调动起来,使之投入到学校文化建设之中。学生积极主动地参与校园文化建设,能极大地促进校园文化的继承和弘扬。

学校的课程打开了学生的视野,拓宽和丰富了学生的知识,加强了学生对人文、科学的深度学习。它能够营造出和谐的环境,促进学生心理健康发展和个性成熟,为学生的社会成功提供了良好的条件。各种课程活动是校园中一道亮丽的风景线,课内、课外的自主管理与自主学习可以实现了让学生自主成长的目的。

学校的课程建设是不断发展的过程，我们需要对此不断地倾注更多的爱心，共同去打造更加优质的课程内容。有了学生多样化的课程活动，学生的生活不再是单色的白纸，而是绚烂多彩的青春舞台。我们坚信，只要给学生们一个舞台，他们的青春一定会绚丽绽放。

········· 第二节

教师成就：
用开发自我的热情谱写教育诗篇 ··············

"课程开发运动"的首创者斯滕豪斯认为："没有教师的发展就没有课程的发展。"在课程改革不断深入的过程中，随着学校课程建设越来越受重视，教师校本课程的建设与实践能力在校本课程建设中的关键作用也日益突显。

首先，教师的主体角色发生着变化。以往教师仅仅是课程的实施者和消费者，大多数教师按照国家课程的教材、课程标准和课程计划来教学。而在学校的课程建设和实施过程中，教师的角色由课程实施者和消费者，转变为课程的设计者和研究者，教师的专业学科素养和多元人文底蕴，教师的其他潜质内涵都可得以展现，教师的潜在资源和内在空间得到更大的利用和发展。教师由过去被动地教授教材到主动地编写教材，在一系列的思考、研究、撰写、实践的动态过程中，教师工作的热情、工作的状态，专业素养、专业技能等都会得到大大的提升。

其次，教师的课程观念会自觉转变。通过学校的课程建设，教师对学校的办学特色、育人观念、办学理念等都会有更深刻的理解，他们的学生观和课程观、教学思想也随之改变。在课程的选择、课程的编写、课程整合、课程拓展、课程补充时，教师们渐渐走出过去只关注学生学业表现、学科成绩的误区，转为更多地关注一个"人"生命的全面性发展,从未来社会需要的身心健康(情感)、素质修养(品性)、知识底蕴(素养)、适应能力(能力)等方面来关注学生生命、生活、生长的需求。这逐步促使教师按照中国新时代教育发展的需要,真正自觉地转变课程观念,培养了一批批现代教育浸润下优秀的人才。

再次,教师的科研能力不断增强。课程在建设和实施过程中,教师们一路走来,他们既是开发者,又是实践者,他们开始不断地学习、注重提升自身的内涵。他们要不断地吐故纳新,不断打破过去僵化的、模式化、习惯化的教学方式。他们建立课题,从科研的角度,尝试运用自己的知识对教学实践中的经验进行多角度、多层次、多元化的分析,这也就是在理论与实践中不断地架构,成为教学思想的催生者。在这过程中,教师们的科研能力不断提升,课堂教学体现更多的生命力。

最后,教师的课程意识更加清晰。从古至今,教师更多的角色定位是"传道、授业、解惑"。教师更多关注的是教学内容、教学方式和教学质量。而在学校课程的架构中,教师们在不断地思考、开发、编制、实施教学,为了让课程更加贴近学生,赢得更多学生的选择,他们需要不断的研究学生的发展需求、研究时代的特点、研究学生的心理等。在"开发—实施—观察—反思—修改"等过程中,他们的课程意识和课程能力都在螺旋上升,这也催生了教师们课程深化改革的意识和能力,逐步形成更加科学的教学思想,形成了更多有价值的教学主张。

一所学校最有潜能的文化教育资源不是各种功能教室和信息技术手段,而是教师资源和学生资源。几年来,学校以课程体系建设为契机,创建了良好的共融共生研究氛围,形成校本研修的专业品质和研修文化。学校借课程开发的机会,激发教师开发自我的热情,悦纳自我,建立专业自信,在学校舞台上展示才华,继而设计、开发、形成多元化课程资源,形成了初具规模、富有特色的系列校本教材。

一、课程建设引导教师由单纯的学科教学实践者逐渐转变为学科教育的开发建构者

学校利用课程,引导广大教师研究探索,提升教师专业素养。在尊重、信赖、鼓励的环境里,教师们的教学观念和教学的诊断力、研究力、创新力都会发生巨大的变化,并逐渐找到生命的归属感。近三年里,学校教师先后有60多人次受到区级以上的表彰和奖励。教师的专业素养大大提升,在各级各类大赛中纷纷获奖,其中5次获得国家级大赛一等奖,11次获得省级大赛一等奖,42次获得市区大赛一等奖。

学校课程探索以来,强化科研课题研究,聚焦问题,精准发力,形成有价值的教育思想和教学主张。十年间,学校指导教学、德育及各学科申报了国家、省市规划等重点课题、省市学会课题共计立项30余项,如国家级课题"教师生涯发展历程中'正向心理'建设的策略研究"、省规划办重点课题"核心素养视域下的'金字塔'型学校情智课程体系的研究与实践""基于百年党史下初中历史教学传承红色基因有效途径的实践研究"等,我们带领语文、数学、英语、理化、音乐、体育等所有学科申报省规划课题15项,实现课题学科全覆盖,从学科大单元教学到学生的体育、美育发展,把问题课题制,进行定量和定性研究,形成了许多学科教学思想和教育主张,强化了教师四种意识:问题意识、研究意识、合作意识、建构意识,推动教师学习共同体建设。

教师们不断探究、创新课程研究模式,形成比较完善的理论实践体系,教师完成学术论著23部,公开发表各类学术论文、课例研究81篇,54项教育科研成果荣获省级以上奖励,89人在各级各类赛课中获得一等奖,61人在国培项目中做专题报告、专题讲座。在课程的建设过程中,也促进了教师个体经验凝练转为群体教学资源或主张,学校将研究成果汇编为系列丛书。教师完善教学背后故事,形成60多篇有价值的课例研究报告,这成为学校宝贵的教育资源。其中,语文、数学、物理、化学、英语等学科的课例研究报告在《黑龙江教育》《哈尔滨教育》《香坊区教育》等杂志上纷纷发表。

二、课程实施发挥学校、教师示范引领作用,促进区域教育的发展

学校课程成果在哈尔滨市141中学、五常市多所学校,以及新疆、云南、山东等地多所不同类型学校进行了实践应用,发挥辐射引领作用。2021年学校又在云南省怒江州傈僳族完小学校建立课程研究与实践基地,选派教师支教1年并任副校长,对三区三洲的农村学校进行科学系统指导,效果显著。校长和教师们从2018年起5年间在省教师发展学院国培项目、哈尔滨师范大学、佳木斯大学等国培项目中开展各类讲座,促进各地教育的发展。多位名优教师成立了工作室,形成了专业化的辐射效应。其中,赵宏国语文工作室被教育部授予领航工作室的殊荣,多年来对四川省大凉州和云南省怒江傈僳自治州进行教育帮扶。此外还有刘莹国家班主任工作室、胡涛名师工作室等,教师们形成了自己的教育思想,凝练了较为科学的教学主张。

三、课程开发形成了丰富多元的课程资源库

在课程资源库建设过程中,教师作为课程资源创编的主体,通过收集、创编方式,形成满足课程需求的课程资源;学生自学资源作为课程资源库的补充,由教师、学生自主收集、创编,为学生提供丰富的线上线下学习资源;拓展资源,由家庭、社会等提供,多维联动,丰富课程资源库。资源库中包含影音媒体资源、网络程序资源、自编书籍文本资源、教学实用资源等。师生通过二维码、百度网盘码提取、现场借阅等形式查阅学习资料。多方的参与、多元的内容使得课程资源库具丰富多元的特点。师生在收集、创编、使用的过程中,促进情智力量的进升。理化教研组研究触角的延伸,开发了大量的不同领域的创新教学实验,填补了实验教学空白,形成了系列化专题式微课资源库和学科教学习题资源库。

在化学课程资源的二度开发过程中,学校化学教师研发设计了三大板块,第一板块为新课篇,第二板块为复习篇,第三版块为特色篇。其中每个板块分别对应导学案和精炼卷、第一轮至第四轮复习集以及化学一卡通、化学教材图示全解。教师力求将复杂的知识点串联起来,做到细致化、生动化、多样化,以满足不同学力学生的复习要求。

学校组织教师们编写并出版了《情智路上,最美的遇见》学生系列阅读丛书。其中包含青少年发展立根树魂的爱国教育元素、学生人格健康发展的心理教育元素、增强审美情趣的美育教育元素、潜能外显化的语言技能教育元素等。青少年在课程的学习过程中,在丛书的阅读过程中,不断汲取情智的力量,持续赋能,成为既富有思想美感又具有智慧知行特质的最美的自己。

四、课程建设促进教师重视群体教学资源共享与思想凝练

哈尔滨市第四十九中学化学学科团队是一个能够潜下心来读书,静下心来育人的研究型、学习型的优秀团队。他们用一种对教育的执着坚守不断探索着化学学科的教学策略。

学校化学科团队年龄结构合理,梯队发展有序。化学学科团队是一个能够持续进行组织学习的团队,他们善于获取、创造、传播知识,并能在校园里形成学术交流的学习场,以新的知识、新的见解为指导,不断完善思想、勇于修正行为,树立终身学习观,在学习中求发展。该学科团队坚持"学中悟、悟中做、做中思"的学习原则,团队中已形成了一种积极向上的教学研究习惯,成为一群有使命感的领跑者。在研究和探索中,他们形成了共同发展愿景:建设有教育激情、职业坚守、身体力行、勇于担当、相互成全、和谐发展的学习型教师团队，成为业务精深、情怀高尚的魅力型教师。他们的研究成果多次在省、市区骨干教师研培会议上以讲座的形式进行展示。

学习型团队是学科团队的追求目标。学科团队成员对教育教学都有一份深深的眷恋。教研组长马老师是正高级教师，也是哈尔滨市学科带头人、学科骨干。令大家敬重的不仅仅是她博大精深的专业知识和对科学执着的专研态度，更重要的是她对学生、对学科人的天梯式的助力和推举。团队中的年轻教师都尊称她为师父，都心甘情愿地和她一起学习研究。为了弥补教材中实验的不足，为了使实验教学更完善，让学生们都能动手体会，从而感知知识的发生过程，学科团队成员自己掏钱买来各种材料和工具，几乎每天都在办公室里研究、制作，不断地拓展实验教学。在研究习惯的引领下，他们完成了拓展试验的开发。秉承着"有资料齐分享""有问题共探索""有难关共突破"的理念，他们一年年不断积累、开发、完善、构建学科的内容丰富的信息库、资源库、习题库。这是源于教师对教学责任的一份坚守和热爱，他们把最为平凡的备课、习题研究做到极致，这是力行。以马老师为代表的名师积极主动地带领青年教师成长，这种担当意识和同伴间借力相互成全的精神，都发挥着巨大的辐射作用，从而带动全校新任教师和青年教师快速成长，进而构建了和谐发展的教师团队。

学校里的各个研究团队就像一棵枝繁叶茂的大树，他们的根是大爱和深厚的学科知识，各学科教学研究之路就是他们自己的人生之道。越来越多的优秀学科名师用自己的教育坚守和教育智慧去唤醒更多的年轻人，促进团队的专业成长。

实施新课程改革，语文学科使用的是部编版教材，教师有诸多问题需要解决。语文团队把教学问题进行梳理归类，形成问题式教学研究、专题式教学研究、情境化教学研究。同时，他们在教学研究中采取"问题牵动、首席引领、同伴互助、行动跟进"的校本岗位练兵形式,发挥首席教师的引领示范作用。学校坚持开展"四课""三制"活动,即名优教师上示范课,学科带头人上引路课,青年教师上比武课,新教师上过关或上岗课,教师会课制、课堂教学会诊制、教学反思制。学校定期开展有实效性的学科活动,由课例研究、课型研究、课题研究发展到提倡"问题式"研究,鼓励教师在"研究"上下功夫。不同任务驱动的教育教学活动会让不同类型的教师快速成长。教师们找回"在研究状态下工作"的自信。

学校教师在各级各类大赛中纷纷获奖。仅2019年至2021年,学校骨干教师两次荣获全国赛课一等奖,十个学科分获哈尔滨市第七届"烛光杯"教学大赛中获特等奖,许多青年教师在哈尔滨市中学各学科教师"板书设计"教学技能达标活动中获一等奖、青年教师专业技能大赛一等奖、哈尔滨市课题研究课一等奖。

一花独放不是春,百花齐放春满园。哈尔滨市第四十九中学力求打造"个体有专长、群体有优势"的学习型团队。新课程改革给教师带来了新鲜的活力,但也要求教师们不断提高业务能力,拓展教育思维,这促使我们加快由完成型教师向专家型教师转变。团队的教师们也都深深地感觉到,只有在不断的学习中才会滋长教育智慧,只有投身课题的研究,才会构建科学的教学策略。

学校越来越多的学科教研组都在不断地研究和实践,这体现出学校的五种精神,即彼此成就的团队精神、与时俱进的创新精神、行胜于言的践行精神、自觉负责的担当精神、学生为本的人文精神。

教师是学校课程开发实施的主体。为确保学校课程的有效实施,教师要正确认识自身的特点,以便充分用己所长,将自身优势作为校本课程的重要资源之一加以挖掘利用。教师在课程建设中,充分发挥主观能动性,去发现、挖掘身边符合本校学生发展的相关课程资源。

·········· 第三节

学校建设：
用坚实稳健的步伐走出发展之路··········

校园文化的建设决定着学校发展的特色，也影响着整个校园的精神风貌。加强文化教学，能够有效提升学生的整体素质。所以，学校将课程建设融入特色校园文化建设当中，让课程文化也成为校园个性发展的一种特色。

随着学校的教育思想、教育理念的深化，学校的办学特色日益凸显，同时也使学校不断构建和完善立体式的课程。课程的科学开发与实施，也助推了学校文化内涵不断厚重，办学实力逐步增强。

一所学校的文化，不仅包括学校的物质环境，还包括学校的精神文化。学校物质环境包括许多方面，其中校园建筑以及校园场地的布置模式是校园物质环境的重要组成部分。这些不会说话的静态校园组成部分，也可能给学生带来潜移默化的影响。学生在学习过程中，不知不觉会受到学校物质环境的影响，进而接受着品德教育。

特色学校是一种先进的教育理念，其具有独特的现代化精神和丰富的时代特色。特色学校具有相对稳定的学校文化，学校文化不仅体现在学校拥有个性化的外部教学环境上,还体现在独特的教学课程体系上。特色学校的教育管理水平相较于我国其他同类学校的特色教育水平也更高,特色学校凝聚了在校每一位师生的良好气质、优良品质,每位在校师生都具备优良的精神品质和思想行为导向。而这种内化到师生心灵深处的文化动力,就是促进学校发展的根本所在。

学校文化的深层次表现形式便是学校精神文化。学校精神文化是一所学校在长期的发展过程中,在一定的社会文化背景和意识形态影响下形成的为大部分学生所接受的精神文化成果以及思想道德观念。学校的精神文化不仅包括学校的风气和文化传统,还包括教职工和学生的思维方式,这些都能够体现一所学校整体的精神面貌。通过学校的课程建设,促进了特色学校的文化建设,立足于培养师生的健康人格,树立师生的积极精神面貌,培养师生的坚强品质以及良好人文素养。除此之外,学校还将自身的办学思想和教育理念融入全体师生的思维中,引导师生自觉体悟学校文化,遵循学校的价值取向以及教学模式。在课程的不断完善中,学校开展系列化特色教育活动,进而创造高品位、高质量、深层次的特色校园精神文化。

在学校课程建设中,学校管理水平进一步提高,文化内涵不断厚重,办学实力逐步增强,社会美誉度持续升高。2013年以来,学校生源数量增加,生源质量逐年提升。这是社会对学校以往工作的认可,也是对学校未来发展的期待和认同。2019年、2021年学校两次在全区中召开了德育校本课程展示现场会,社会美誉度持续升高。学校还曾先后被评为全国创新教育实验学校、教育部教师综合素质培训示范学校、省级文明校园标兵单位、省师德先进集体、省德育工作先进集体、市政府未成年人思想道德建设先进集体、省级科研先进单位、黑龙江省基础教育精准教学试点学校、黑龙江省首批教研基地校、哈尔滨市校本研修首批示范基地学校、哈尔滨市首批校长培训基地等。

与时俱进的文明传播释放情智力量,让学校弘扬文明之风更加浓郁。学校不只承担教书育人之大任,还应有向社会传播精神文明之责。

家校携手,共营良好育人氛围。家长接待日为困惑的家长一对一地指点迷津;家长委员会为学校提出更有效的办学建议,实现家校共办;家长课堂为家长拓宽教育视野、开阔教育思路,家长们逐步意识到素质教育、文明教育远比分数更加重要。

学校开发并组织了多期家长分享课程。对于哈尔滨市第四十九中学的学生来说,站在讲台上的人是既亲切又陌生的。他们平日里是自己的父母,或是被称呼为叔叔、阿姨的人,但是今天却成了讲台上的教师,这是学校情智德育校本课程中"合育探索"这一维度中的"家长分享课程"。课程中,家长们走进校园、亲近学生,以职业岗位为立足点,或风趣幽默、或妙语连珠的将职业的感悟、生活的阅历分享给学生。学生深切地感受到了家长职业的艰辛,感受到各行各业的职业智慧,懂得了"敬业乐业"的深刻内涵,培植出正确的职业观、价值观、人生观。

精准帮扶,共谋未来发展之路。"黑马"计划的实施,诠释着学校不放弃每一名学生的教育信念。每年春节前,学校领导到贫困学生家庭慰问,让学校的温暖延伸。周六休息日,毕业班教师集体备课,融入五常市、香坊区等农村学校教师,让学校教育资源社会共享。送教下乡活动,每年都有多位教师积极参与,心理教师也多次在社区开展公益讲座。释放师者爱心,升华教育信仰。

围绕学校的文化特色,我们一直在思考,教育的根在哪里?教育的道是什么?学校为青少年的成长可以提供哪些特殊课程帮助,让他们在丰富多元的课程资源中,修身立德,健康成长?多年来,我们努力坚持情智共生的办学目标,坚信在四年的初中灵动的课程浸润下,依据学生成长的需求支点开设多元的、富有内涵的课程,一定会使学生形成不同的思维模式和行为方式等文化特质,也一定会助力学生在漫漫的成长路程上,遇见最美的自己。

经过不断探索和研究,学校编制了一套育人丛书(共四本),其中包含青少年发展立根树魂的爱国教育元素、学生人格健康发展的心理教育元素、增强审美情趣的美育教育元素、潜能外显化的语言技能教育元素等。《让我们行走在红色印记中》一书围绕中国共产党在发展的重要历史阶段中所彰显的精神,引导学生进行精神解码。《让自己成为好情绪的主宰者》一书,针对学生青春期的心理特点,围绕厌倦、嫉妒、焦虑、愤怒等学生极易出现的情绪问题,从心理、思政、德育角度,引导学生消除负面情绪,建立积极的情绪。每种情绪的建设中都涉及专业的心理知识、学生的案例以及教师自行设计的情绪管理课的课堂实录,无论是对于学生自主阅读学习,还是对于班主任教师开展教学,都有非常重要而有效的指导意义。

《影动我心,听生命拔节的声音》这本书,引导学生在深入赏析过程中丰盈情感、提升智慧。该书由"让我们由观走向赏""让我们在赏中成长""让我们享受影视乐趣"三部分组成。其中,"让我们由观走向赏"主要是介绍适合青少年的电影赏析策略;"让我们在赏中成长"包括"影中品情""影中析理""影中寻问"三个部分;"让我们享受影视乐趣"主要展示了与影视相关的有趣味、有价值的小问题、小活动等。青少年在富有审美情趣的影视作品中,源源不断地汲取着各种成长元素的力量,成长为心怀天下、懂得感恩、珍惜亲情、热爱生活、迎难而上、富有生命质感的人。

《"语"出不凡,青春绽放的我们》一书重视语言、善用语言,让语言释放智慧与力量,有助于更好地传递信息、交流意见、沟通情感。本书主要围绕辩论、解说、朗读、脱口秀、演说等语言展示形式进行既专业又生动的解说,其中许多案例均来自学生喜爱的校园活动,既有助于学生参加好这些活动,更有助于学生在未来的各个舞台上的精彩绽放。

教育阡陌上,学校要源源不断地为学生提供丰富的情智教育养分,培养人格与学问同步卓越的人。建设特色学校是把校园文化建设引向深入的关键手段。这不仅是教育发展的客观需要,更是提高教学质量的重要途径。它可以巩固校园文化建设成果,从而将校园文化建设引向深入,意义重大,影响深远。

第九章
"情智课程"课程建设的未来构想

　　教育成就生命完整的教师,使教师实现自己的人生价值;教育培养生命完整的学生,使学生身心情智全面成长。哈尔滨市第四十九中学在办学时不是选择适合教育的学生,而是创造适合学生整体健康发展的教育。几年来,学校通过教育改革和课程的建设,努力为学生创设合适的教育。学校在课程建设上,仔细甄别并取舍课程内容,进一步完善学科整合课程,加大研究型科学类课程的开发与补充,加强项目式学习、STEM课程的深度研究。学校进一步总结、完善分类,开发、编写成系列校本教材,补充教育教学需求,满足学生成长需要,使学校课程更系统、更科学,使学生的课程更丰富、更多元。

………第一节

关注学生生命情态，
蓄力未来多彩人生 ……………………………

新冠肺炎疫情期间，媒体对疫情的实时播报，以及制度性的居家防疫规范，让人们产生了一定的焦虑情绪。在较为漫长的封闭居家过程中，处于青春期、独立性迅速增强的中学生，他们面对疫情的心理变化和相应的心理健康教育成为教育主体应该充分关注的问题。

新冠肺炎疫情对学校教育造成了短暂的冲击，但同时也暴露出我们以往的教育中所存在缺陷与不足，这给之后的情智课程建设构想带来了一些新思考。

这场史无前例的疫情，按下了我们生活的暂停键，让人们原有的生活都发生了巨大的改变。在疫情中，我们看到了灾难面前世间的美与丑，人性的光辉与黑暗。这场疫情全面透彻地检验着一个民族、一个国家的灵魂与素质。疫情让我们驻足，学着理性思考。小到个人，大到社会和国家，都应该在这其中看到一些问题，想到一些问题，得到一些启示，学会一些思考。

新冠肺炎疫情，同样赋予了教育许多新的契机。我们几十年来开展和重视的生命教育、规则行为、责任意识教育等，在平时看似人人尽可知、人人尽可为的简单道理和行为,但在面对危机事件时,这些却需要反反复复强调,甚至是强制化地干预。作为教育者,我们要用敏锐的目光去捕捉和挖掘疫情时期社会资源的内质,更要去思考品德教育怎样从传统理论式的道理说教,转化为生活场景下的课程浸润,从而内化为学生植根于内心的修养和行为表象。

一、生命本质教育,唤醒学生对敬畏生命、顺应自然的价值认同

教育要树立"健康第一"的思想。健康是生命的基础。一个人没有健康,还能做什么?但是在今天,少年儿童的健康非常值得我们关注。因为它关系到少年儿童的成长,关系到民族的未来。

健康,不仅包括生理的健康,还有心理的健康。一个健康的人,身体、心理两个方面都要健康。现在各国都非常重视对学生核心素养的培养。其中一个很重要的因素就是社会情绪,即对社会的理解,在积极的社会情绪中,人们会尊重他人,善于与他人交往、沟通、合作。这种社会情绪对人生来讲非常重要,只有拥有良好的社会情绪,才能事业成功、生活幸福。

新冠肺炎疫情,让我们真正从善待生命开始,重塑对生命课程本质的思考。教育不是刻板的雕刻而应是心灵的呼唤,教育要让人回归生命本真,遵循生命成长的规律,从而培养生命完整的人。敬畏生命、尊重自然,也是一个现代文明社会人应有的品质。

从生命发展的视角来说,教育的本质可以概括为:提高生命的质量和提升生命的价值。教育对个体来说,提高生命的质量,就是使个体通过教育,健康发展,提高生存能力,从而能够生活得有尊严和幸福;提升生命价值,就是使个体通过教育,提高了思想品德和才能,从而能够为社会、为他人做出有价值的贡献。人都要实现"人生价值",那人生价值是什么呢?人生价值就是要对社会、对人类、对自然做出贡献。人的价值总是体现在与他人、他事的关系中,在人类社会中,孤立的自我价值是不存在的。

生命教育对于中学来讲,最重要的是要为各个孩子设计适合他们发展的学习环境,养成良好的行为习惯,培养他们自我感知、自我控制、尊重生命、尊重他人以及与人交往沟通的能力和开朗活泼的性格。学校也好,家庭也好,要重视学生的全面健康的发展,要科学育人。同时,还要充分认识和相信学生的能力,积极组织各种活动,让学生在活动中自由成长。有些学校开展生涯教育,帮助学生认识人生。生涯教育并不是帮助学生设计人生,而是让学生了解人生,了解人生需要面对的种种问题,使学生认识自我、认识他人、认识社会,进而能够把握自身的发展。

学校要加强科学教育,普及科学知识,提高国民的科学素养,倡导学生讲究个人卫生。这次抗"疫"战斗,实质上是进行了一次全民个人卫生大普及,也是一次全民卫生爱国运动。我们要让每一位青少年养成讲究个人卫生的好习惯:不随地吐痰,不随地扔弃脏东西;勤洗手,防污染;多运动,强体质;注意合理营养,营造一个清洁卫生的生活学习环境。

学校的管理要有所改变。学校要总结这次疫情期间线上教学的经验,坚持党的教育方针,落实立德树人的根本任务,树立"健康第一""安全第一"的理念,建设健康的校园;利用人工智能、大数据了解学校工作的动态,改进学校工作;实施开门办学,加强学校与社会、家庭的联系,争取社会和家庭对学校工作的支持。校长要把主要精力放在学校的教育教学工作上,深入课堂、深入教师、深入学生。总之,学校是育人的地方,要把育人放在第一位,以促进学生的成长和教师的发展。

学生对生命与自然经历了这种从思辨到建构的研究过程后,自然也就完成了从言育、行育,最终内化为心育的路程,这能够唤醒幼小心灵对敬畏生命、顺应自然的价值认同。

二、生活健康课程,唤醒学生生活场景中习惯与规则的自觉践行

世界卫生组织认为:健康是身体上、精神上和社会适应方面的完好状态。该概念把人的健康、人的生理、心理状态和对社会适应三者兼容起来,充分反映了健康的生物学和社会学特征。

健康教育是健康和教育的有机结合,是指通过有计划、有组织、有系统的社会教育活动,使人们自觉地采纳有益于健康的行为和生活方式,消除或减轻影响健康的危险因素,预防疾病,促进健康,提高生活质量,并对教育效果做出评价。其核心是教育人们树立健康意识,促使人们改变不健康的行为生活方式,养成良好的行为生活方式,以减少或消除影响健康的危险因素。

中学开展健康教育的目的就是要根据中学生的生理特点,通过课堂内外的各种教育活动,提高健康知识水平,增进自我保健能力,促进有益于个人、集体和社会的健康行为、生活方式与习惯的养成,预防疾病,降低常见病的发生率,促进身心健康和提高对环境适应能力等方面的全面发展的目的。因此,学校开展健康教育对于学生个体身体素质、学校和社会加强疾病防控、全民族素质提高都有重要意义和不可忽视的作用。

哈尔滨市第四十九中学生活健康课程的内容主要包括两方面:一是系统讲授的生理卫生知识,尤其是贴近生活、实用的生理卫生常识,包括人体的生理基本知识、饮食卫生、体育卫生、环境卫生、妇幼卫生等内容。二是培养良好的生活习惯,改善对待个人和公共卫生的态度,包括营养、饮食卫生习惯,清洁卫生及起居习惯,劳动、体育锻炼习惯,青春期卫生习惯,预防意外伤害有关的习惯等。

以新冠肺炎疫情为契机,学校的品德教育重启并开好学生的健康课程,深入规则教育。生活中的一些"规则要求"和我们的"生活习惯"有时会发生认知

冲突,我们要引导学生在生活场景中去研究这对"矛盾体"。如洗手的重要性和必要性,从幼儿园起,教师就会教,到了小学教师一直强调,但中学教师和学生容易忽视这个"重要但不考"的事情。新冠肺炎疫情,让我们从"学会"洗手开始,重启生活健康课程。"勤洗手、戴口罩"这些最简单的事情,应该是从小就养成的生活习惯。生活健康课程在纠正大家不良习惯方面发挥着重要作用。我们品德教育可以让学科整合,引导每个学生在生活场景中对于习惯和规则自觉践行。

如"手是人体的'外交官',一天中要会晤多少个'嘉宾'?手上常常接触到的细菌类型有哪几种?七步洗手法的理论依据是什么?洗手液、香皂的成分是什么,为什么有杀毒作用?"这一系列的问题,让学生结合各学科的知识去猜想、探究和论证。在此类的健康课程研究中,我们会发现那些"娃娃都会"的内容,如果深入挖掘,它们同样也可成为重要的课程资源。但这就需要学校细细思考生活中那些必不可少的习惯,然后纵向深入研究,横线拓展延伸,使这些看似浅显却关乎学生健康生活的习惯,变成富有实际价值的"教材",并在课程的推动下,使学生将其内化为遵守的习惯。同理,规则教育也不能只是告诉学生生活中有哪些规则,简单要求学生必须遵守,更需要在德育课程中还原生活场景,让学生在实际问题中去体验和感知。让学生真的多一份对规则的敬畏之心,方知生活中要有所为、有所不为。同时,这也能使他们在问题发生时理性分析,正确应对。品德教育生活化,引导学生从人治、法治走向自治。

应该注意到,中学健康教育的生活化,是以学生的终身教育为主要大纲思想,让健康意识植根于学生的生活中,真正体现出健康意识的塑成能够使学生终身受益。学校也应该适当增加对健康教育的经费投入,增加健康教材和器材,使运动项目多样化。从多个方面培养学生的爱好和兴趣,抓住学生的特点,能让学生体会到健康生活的乐趣和魅力所在,让实践和理论知识能够相互合一。

三、劳动教育课程唤醒家庭教育对学生生活"大考"的关注

《中共中央国务院关于全面加强新时代大中小学劳动教育的意见》明确要求要"设置劳动教育课程""形成具有综合性、实践性、开放性、针对性的劳动教育课程体系"。面对家庭和全社会不同程度存在的轻视体力劳动现象,学校将劳动教育从空间上延伸至家庭和社区,促进劳动教育的校内外统整。

（一）教育引导家长支持家庭劳动

学生居家学习期间,家长和孩子的相处容易出现冲突,甚至"战火纷飞"。究其原因,主要是除了学习之外,家长又看到了孩子的问题。早上不起床、被子里有零食、吃完的果皮放在桌上……以前孩子"没有"的毛病,怎么都暴露出来了？家长无法忍受,但这真的只是孩子的问题吗？其实孩子的人生中,不仅仅只有中考、高考,还存在着许多更现实、更普遍、无法逃避的生活"大小考"。居家隔离的生活就已出现问题,如果出现危机事件又该怎么办呢？

在我们的德育课程体系中,学生劳动教育的课程建设是不可缺失的。

首先,要唤醒学生的劳动意识,使其从小养成热爱劳动的好习惯。学校和家长对学生的劳动教育观要具有统一性。现代家庭独生子女居多,一些家长凡事都以孩子为中心,有求必应,事事亲为,孩子自幼过着饭来张口、衣来伸手的生活。家长有时在孩子劳动意识培养上,还扮演着"反向助推器"的作用,剥夺了对他们进行劳动教育的机会。有些家长的观念是"只要学习好,其他什么都可以不会""孩子干不好,越帮越忙,不如不干""孩子主要的任务是学习,劳动会耽误学习时间,是不务正业",还有的认为"有些劳动是不体面的"。家长的这些错误观念,直接影响到孩子,让这些原本能够劳动也热爱劳动的学生,逐渐出现了劳动意识淡薄、劳动积极性不高、劳动能力极差的状况。随着年龄的增长,这些问题也会越来越多,他们甚至连生活自理都很难做到,又如何经营生

活、经营事业？我们利用课程引导家长和学生转变观念，从身边力所能及的事情做起，提高劳动的意识，创造劳动的机会，培养劳动的观念，使学生具备劳动的技能。

其次，家庭、学校提供平台，帮助学生具备良好的劳动技能。从家庭生活入手，家长不仅应陪伴孩子学习阅读，也应陪伴他们走进家庭劳动的场景中，换一种欣赏孩子的角度，放手、舍得，为其提供参加各种家务劳作、生活自我管理的机会，加强对其生活能力和生存能力的培养，不再包办代替。在实际生活场景下，家长可以指导学生从打扫自己的房间做起，从刷碗等生活小事做起，从简单衣物的洗涤、简单的饭菜烹制做起。必要的劳动教育，不仅不会耽误学生的学习，反而能够培养学生动手操作能力和严谨自律的生活能力。学校也要发挥劳动教育育人功能。居家期间，可以倡导开展家务小能手、厨艺大比拼、生活小窍门、家庭好帮手等多样性的劳动教育活动，利用小微课、小视频、小作品等形式，展示学生劳动教育的智慧和成果，分享劳动中遇到的困难和收获的快乐，让学生爱上劳动，也培养生活自理的能力。此外，在劳动技能的指导中，还需要加强突发危机事件后，户外和野外生存技能课程的指导和实践。

（二）挖掘校内劳动教育资源，探索多种劳动授课方法

学校中的劳动资源多种多样，首先是学校及班级制定的各种规章制度中的基础性劳动，如班级制定的打扫教室、清洁门窗、擦黑板、摆放桌椅等班级劳动，还有学校规定的校门口值日、校园清洁区域的打扫、卫生检查、维持做操纪律等劳动。其次是课程资源，劳动课是最主要的课程资源，它较为系统地呈现劳动内容，也有劳动课教师带领学生进行劳动，给予学生指导和帮助。但针对劳动课内容有些过于简单、有些过于复杂的问题，学校可以根据地方特色和学生身心特点开发校本课程，这样一来，在开发过程中不仅能充实劳动内容，还能提高劳动课教师的专业水平。除劳动课外，其他课程当中也能渗透劳动教育，如数

学当中的统筹思想就能应用于平时的劳动活动中的优化程序,语文中赞美劳动人民的课文就能宣扬劳动精神与劳动价值等。最后,学校劳动教育的开展会受到劳动场地的限制,劳动教育是属于实践性较强的课程,如果学生仅仅在教室里听讲而非躬身实践的话,劳动教育就起不到很好的效果。因此学校可以根据校园场所的特点开发出一定的劳动场所,如部分学校在校园一角开发出小果园和小花园,在楼顶开辟空中菜园,利用闲置教室开设劳动教室等。甚至还可以邀请在各行各业工作的家长到学校当中传授劳动技术、劳动知识与经验等,这也是学校可以开发的劳动资源。

上劳动课时,教师常常会使用自己平常使用的教学方法,多以讲授为主。但劳动课既含有理论层面的基本原理、规则的讲解,也含有方法、程序的操作示范,针对不同的劳动内容需要选择不同的教学方法开展教学,且一堂课中可能会有多种授课方法配合使用。因此,只有不断摸索不同的教学方法才能灵活掌控劳动课并达到较好的教学效果。如在讲解劳动模范人物的先进故事时,就可以采用讲授法来引导学生学习劳动精神、劳动态度,对其进行劳动价值观的引领。在讲解劳动工具的使用方法时也可以用讲授法来对工具使用的步骤、注意事项等问题进行强调,再用演示法来对劳动工具是如何使用的过程进行示范。探究法比较适合劳动教育的实践性,要创建一个真实的劳动探究场景,让学生能置身于正真的劳动体验中去完成劳动任务。当然,适合劳动课的授课方法还有很多,教师们需要在具体的教学实践中去慢慢探寻,最终找到适合自己与学生的一套方法体系。

必要的劳动课程教育,是对家庭教育的自省,它对劳动意识的自觉和学生生活的自律起到了巨大的推动作用。一个会劳动、善于管理生活、具有生存技能的人,才能成为具有完整生命特质的人。

四、励心启志课程唤醒每个心灵深处对真善美的向往

很多中学生对自己的未来都尚未形成明确的规划。由于缺乏理想信念的引导，他们往往随波逐流、盲目从众，进而逐渐荒废自己的美好青春。为了帮助学生形成正确的理想信念，学校要积极开展励心启志课程方面的教学活动，即运用心理学和哲学方面的相关理论，帮助学生解决实际生活中的一些困扰，时刻提醒学生，让学生明白自己"要什么"，培养学生独立思考的能力和高度的社会责任感。

学习是一个长期的过程，如果缺乏坚定的意志，就很容易半途而废。此时，励志教育就能发挥积极作用，它可以引导学生不断朝着自己的理想目标去努力奋斗。学生才是学习的主体，外界的期望或硬性目标虽能达到一定的鞭策效果，但想要充分实现个人价值，达到人生的理想目标，还需要学生不断砥砺自我、超越自我，实现人生每一个阶段的完美蜕变。在励心启志课程中，教师应通过各种形式的教育活动引导学生认识到达到理想目标需要付出怎样的努力，从而激发学生的主观能动性，使学生主动为自己的理想付诸实践。

（一）营造良好的励心启志课程氛围

励心启志课程是一个长期的教育过程，因此教师要营造良好的励心启志课程氛围，让学生能够潜移默化地受到优秀文化熏陶。首先，教师要时刻认识到励心启志课程的主体是学生，一切教育活动都要以学生为中心。教师在组织教育活动中应注意到学生个体之间的差异性和同年龄段学生心理的普遍性，开展一些既具有针对性又符合学生心理特点的主题教育活动，从而营造优秀的励心启志课程氛围。其次，学校可以打造励志文化墙，每个月确定不同的励志文化主题，宣扬一些优秀的励志事迹。最后，教师可以围绕励志主题开展相关的班会，让学生在班会上畅所欲言，分享自己的励志小故事，使学生感受到身边的励志气氛,从而受到熏陶。

（二）理论教学与实践教学相结合

传统的励志课程教学活动往往是以理论教学为主,实践教学占比很小,并且教学形式单一,教学体系不够成熟。但在实际教学中我们不难发现,部分中学生对理论学习比较排斥,他们更喜欢实践教学。因此,为了达到更好的教学效果,教师应该充分根据学生的性格特点,对教学重心进行调整,适当增加实践教学的内容。

新冠肺炎疫情时期,学校利用身边资源,充实励心启志课程内容。教师们可以利用"空中课堂",结合真实的社会现象设计问题,引发学生思考,促进学生必备品质和价值观的提升。例如为什么会短时间内爆发疫情、为什么武汉要采取封城措施、为什么短短10天就能建成了雷神山医院和火神山医院、为什么有那么多人选择了逆行而上、为什么84岁的钟南山能够让人信服,让人敬仰……

学生在一连串问题的牵动下,思考、讨论、辨析,会渐渐地透过表层现象,聚焦问题本质,自然而然地谈论到"职责、奉献、责任、担当"等核心词。但这仅仅是学生对行为表象有了共同的认知,要想进一步深化,教师还需要从精神层面对学生核心价值观进行引导。那些白衣天使穿上防护服是一名战士,脱下战袍,他们只是一群刚毕业不久的年轻人。学生眼里的"小哥哥、小姐姐",面对生死毫不畏惧,挺身而出,请战书上一个个红手印,展现了他们的决心和勇敢。

教师引导学生对接生活实际现象,伴随问题的深入探究,学生通过思维的碰撞,慢慢会发现事物间的关联。个人、家庭、社会、国家等在危机公共事件中,有一种不可割裂的紧密关系,家与国不可分离,是一个整体。是己任、责任、重任的自我驱动,才有了更多人的守土担责、守土尽责。特别是置身于疫情这一特殊背景,学生们都会产生一定的共鸣。这种真实情境中的励心启志课程,就算没有空洞、远大的道理讲述,学生也可以用眼睛观察,用心灵去感悟,用智慧去思考。无论是居家隔离的老人孩子,还是冲锋在前的防疫人员,我们每个人都可以做好己任,履行好自己的责任,甚至担当起各种重任。

五、德育课程唤醒学生心灵素养

(一)以德育心,促进心理健康教育在中学德育工作中的渗透

中学德育工作所包含的内容十分广泛,涉及爱国教育、思想观念养成、日常行为准则规范践行、人格培养等,因此其工作方式的局限性也相对较小,教育形式十分灵活。除了基本德育课堂教学外,很多校园活动也具有德育教育的色彩,如班会、流动红旗评比、校园主题活动、校外实践活动等。由此可见,德育工作具有多样性、互动性以及融合性的特点。相对于单纯说教,以德育为载体,和学生进行心灵上的对话可以使教育活动的感染性更强。例如定期对学生进行心理健康状况调查,重点关注存在心理问题的学生,形成详细的档案并向所有班主任出具调查报告,使其更好地掌握学生的心理特点,提前做好准备,采取一些预见性的教育策略,帮助学生改善心理状况。在此过程中,教师要充分了解学生之间存在的个体差异性,基于性别、年龄、学习等方面因素的总和分析掌握个体发展规律,针对性地开展教育活动,对学生进行正确的引导。除此之外,学校还应对心理健康教育的相关基础设施进行完善,建立心理咨询室,聘请专业的心理咨询师进行服务。同时,要强化团委组织建设,基于该校实际状况对德育教育课程进行优化重构,融入更多心理健康教育的内容。积极组织开展心理健康讲座等活动,构建良好的校园环境,能够使学生们更好地接受德育教育和心理健康教育。

(二)以心养德,将德育工作落实到心理健康教育中

中学心理健康教育的最终目标是提高学生的心理素质,使其保持良好的心态面对学习和生活。在心理健康教育中落实德育工作,需要广大教师对学生的

心理状况具备一个全面、清晰的把握。在实施心理健康教育活动的同时,融合品德教育,能够提升学生内心的认知水平,使其自觉约束自身、规范言行举止。在社会发展新形势下,青少年的心理活动变得更加频繁。为了帮助其更好地适应社会,教师在进行心理健康教育时应结合德育中的人生观、世界观以及价值观等内容,使学生形成正确的思想观念,并以此为根基,保持健康的心理状态。在方法选择上,要将德育工作的方法引入到心理健康教育中。

新冠肺炎疫情终会过去,它给个人、社会及国家都留下了思考,也留给教育太多的思考。这也更加需要教育者去规划、去探索具有科学目标、丰富内容、多元途径、完善评价的育人课程,从而走出传统理论式的"教",构建出更加符合"人"的特质的生活情景式的课程体系,让学生们从书本上单一的文字,走向千变万化、灵动的生活。心理健康教育若能引导学生积极看待此次疫情,就可以促进学生有意识、有能力地实现危机后成长。比如引导学生认识生命脆弱,强化珍惜生命的观念;理解健康生活,重视清洁卫生习惯;懂得亲情可贵,学会处理关系;了解英雄事迹,增强精神能量等。教师充分挖掘、利用危机中的这些教育资源,有助于引导学生将关注点转移到自身成长上来。

........第二节

助力教师素养提升，
构建高效课堂专业团队........

21世纪的教师应成为具有较强自学能力与创新精神、合理知识结构与较强教育研究能力、良好协调沟通能力与合作精神等素质的学习发展型教师。学校管理者应通过优化学习环境，倡行校本行动研究，建立民主教育管理制度，建设一支充满生机和活力的学习发展型教师队伍。

"情智课程"体系的孕育对象不只是我们的学生，还有我们的教师，在接下来的课程建设中，我们将继续关注教师的生命成长。随着学习化社会的到来，我国将构建充满生机活力的现代化教育体系和终身教育体系，作为学习型社会的建设者和学习型人才的培养者，教师内涵的丰富和综合素质的提高已成为我国新时期教育事业的迫切要求。

一、助力教师素养提升，尊重和关注教师生命成长

张文质在《跨越边界》一书中，对生命做了这样一种理解和诠释："对生命的遗忘是教育最大的悲哀，对生命的漠视是教育最大的失职与不幸。生命比任何知识、规则、纪律，甚至荣誉，所有的一切都更神圣。所有的生命都无法被另外的生命所代替,敬畏生命是教育的伦理起点,也是教育的价值归依。"

"着眼于学生生命的长远发展",用我们的爱心、智慧和理性点化和润泽学生的生命,为学生的生命成长奠基,这是生命化教育核心观点。基于此观点,我们应对青少年学生有更多的了解、理解、关爱、信任,这是对青少年学生生命的一种真挚的尊重,也是人类社会文明的一种进步。

教师是学校最大的财富,激发教师的生命激情和活力,无疑是学校校长面临的最大挑战。只有走进教师的心里,用心灵去赢得心灵,才能引领教师看到属于自己的职业生命的色彩。

哈尔滨市第四十九中学拥有高雅的校园,各种育人景观充满灵性。崭新的教学楼、体育馆、活动室,各种功能教室齐全,各楼层主题式的育人文化,都展现出学校的智慧。但学校面临的问题也不少。如学校的教师队伍专业发展不均衡,一些"80后"教师缺乏干劲,还缺乏学科体系思想。教师的老龄化比较严重,因教师的招考制度受限,学校四五年没有新力量的注入。学校教师老龄化严重,自主发展的青年教师较少,富有朝气的年轻教师更少,教师梯队发展存在严重断档。作为学校的领导,如何点燃教师的生命之火呢?学校认为,应从年轻人做起,点燃他们的"青春之火"。

在新的历史时期,未来人才培养要求教师持续发展,这要求我们的工作要更务实、更精细、再创新。面对新的要求和客观存在的问题,教师具备怎样的能力才能驾驭和掌控现在的课堂?是否每名教师都能让课堂鲜活起来,让学生课堂学习真正发生?如何引领教师让自身的课堂教学由枯燥的重复变成生动的重塑?教师在繁忙的教学工作中,何种研修方式能让教师专业成长持续、快速、彰显个性?

教师是立教之基、兴教之本、强教之源。不断提高教师素质,建设一支师德高尚、业务精湛的高素质的教师队伍,促进学校可持续性发展,这是每所学校的共同愿景。学校如何才能做到创新驱动和可持续发展呢?

(一)激活教师教育激情,让教师真正参与学校的发展规划

一所学校教师的精神面貌能真实地反映出学校的工作面貌。教育应该是充满激情的事业。教师作为学校发展的不竭动力,其激情与活力来自对职业的认同、对成功的体验、对成长的渴望和对幸福的追求。正如一块没有燃烧的煤扔到火堆里,很快就会燃烧;反之,一块燃烧着的煤扔到没有燃烧的煤堆里,很快便会熄灭。学校的管理者应该助燃这堆火,激活教师群体工作的激情与活力,激活教师们内在向上的动力,营造一个让教师乐于"发光、发热"的氛围。

作为学校管理者,让教师真正地参与学校的管理,让教师和学校有切实可行的上下同心的发展目标,从而建立教师的认同感和归属感至关重要。而学校发展的共同愿景也必然要得到教师们的认同。学校不仅要有光彩靓丽的大楼,高雅文明的校园,还应有资深厚德的大师、激情四射的青年教师、多彩灵动的教育课程,这些必然会为成为学校持续发展的动力。

如何唤醒教师的责任意识,激活教师的工作热情,使教师的发展规划与学校的发展目标一脉相承呢?作为管理者,应多征求有思想教师的意见,让教师真正地参与学校的管理、发展规划,让教师和学校有切实可行的发展目标,让教师看到学校未来发展的前景,从而建立教师的认同感和归属感。真正地激活教师教育激情,激发教师发展的内驱力,只有这样,教师才能够积极、主动、努力地工作,才能推动学校按照既定的目标去发展。此外,要注重加强对每位教师的职业理想和道德的教育,促使他们确立高远的目标,唤起教师强烈的教育责任感和使命感,充分发挥教师对学生知识增长和思想进步的影响力,做学生的指导者和引路人。

(二)以研促教,引领教师教学实践持续发展

学校加强队伍建设,应引导和组织教师多开展教育教学实践研究,形成根

植实践探索的教学科研理念,使教育科研贴近教学一线,这并不局限于教育科研部门。学校特别赞成校本研究课题的指导思想,立项与否并不重要,重要的是学校要针对自己的情况,开展行之有效的研究,解决"自身"的问题。

化整为零,以小见大,在"活动"中激活热情,能够使教师体会到成功感。每所学校的校情和师情不同,根据本校的具体情况,学校可以开展以备课组、教研组、学年组,党小组等"小细胞"为单位的各种活动,可以是文体活动,也可是教研活动,也可是学习活动……在活动中,积极调动各个团队的参与热情和竞争意识,使教师体会到团队整体竞争力,同时体味成功的快乐。

（三）制定个体差异的专业发展目标,引领教师梯度发展

"世上没有任何两片树叶是相同的",每一个孩子的发展同样是千差万别的。教育呼唤我们要尊重学生的个体差异,关注学生的个性发展。作为校长,我们更应该理性地对待教师的个性差异、个体差异。校长,应该知道这样一个教育的现实——没有个性的教师就培养不出具有个性的学生。

在尊重教师的个性发展的同时,要看到和承认教师的个体差距,在发现"问题"、分析"差距"中,理智地解决问题,缩短差距,使教师在体会到尊重个性发展的同时,在带头羊的引领下逐步缩短教师间专业能力上的差距。当代教师面对着诸多压力,大部分教师主观都想积极努力地去工作,赢得学校的认同、家长的理解、学生的爱戴。但是教师和学生一样,都有个体差异,他们更多的是有工作热情,但缺少工作经验,有时还会好心办坏事。从学校管理者的角度来看,我们不能一味地指责、批评,或把教师推给家长,自行解决问题。我们应该帮助教师共同分析出现问题的原因,指导教师如何规避和解决问题。对教师"宽容和尊重",会使他们放下包袱,提升底气增强信心,从而更加积极地工作。

管理者剖析教师的发展点,帮助教师制定个体差异的专业发展目标,在不同任务驱动教育教学活动中,使不同层次的教师都有思考、都有发现、都有积

淀、都有提升、都有进步、都有发展。通过问题的行动研究，让教师们找回"在研究状态下工作"的那份自信和尊严。

任务驱动式培养使不同层次的教师都有积淀。管理者剖析教师的发展点，帮助教师制定个体差异的专业发展目标，并搭建平台，在教研活动中打磨教师，在不同任务驱动教育教学活动让不同类型的教师都有自己的发展目标。

（四）加强教研组文化建设，促进校本教研走向生活化

学校注重团队建设，努力形成民主、开放、合作的学习共同体。学校进一步开展"有效课堂教学行为探索"的主题研讨活动，使之成为教研组的常规建设活动，关注常态课，把常态课看作发现教学问题的着眼点；研究听评课，让听评课成为提升教师教学水平的切入点；推举展示课，让展示课成为展现教研成果的聚焦点。通过备课、说课、上课、听课、评课、改课、反思等，使校本教研常态化、规范化。

学校回归教育本真，开展教育、教学专题式活动，提升教师的教育、教学智慧。无论是管理者还是教师，我们都已清醒地认识到，只有通过不断的学习才能提高自己的专业技能，才能丰富自己的内涵与修养。但由于很多教师每天都要忙于事务性的工作，实际上主观学习的时间和空间会很少。学校应该有计划、有目的地组织开展主题式或专题式活动，尽量做到让研究活动有明确的聚焦方向，帮助教师解决教育或教学中共同关注、有困惑和亟待解决的问题，让教师在每次教研活动中真正得到收获。

（五）真正关注教师心理问题，帮助教师心灵减压

学校努力让教师离职业幸福更近些。近些年，学生的心理健康得到了社会的关注和重视，然而教师的心理健康还尚未引起应有的关注。教师除了传授知识、教会学生成长，还肩负着引导学生学会坦然面对成长中的成功和失败的责任。那面对诸多压力和责任的教师的心灵由谁来疏导呢？2008年上海市教科

院对上海60所中小学校教师做的调查问卷显示,50.8%的教师感到压力很大,其中认为压力过重的有八成。从管理者角度来看,如何让教师在适当的时机放松自己,帮助教师心灵减压显得更为重要。真正地为教师创造宽松、和谐而又规范有序的校园氛围,是我们管理者的责任。

教育本就应该是师生共同创造幸福、享受幸福的过程。一所学校教师职业幸福感多一些,教师就会有自主发展的动力能源,教师的专业素养和教学精神必然会推动学校的可持续发展。

教师作为学校最有潜能的教育资源,积极主动地发挥着创造作用。教师们开发和拓展出了一门门校本课程,这些课程都是教师和学生生命的快乐场,教师们厚积薄发,与孩子们共同追求着生命的阳光与丰富。

教育本就应该是师生共同创造幸福、享受幸福的过程。教师是快乐的,作为校长才会是幸福的。校长要尊重教师,善待教师,关注他们的生命成长,而教师们也一定会推动学校可持续发展。生命化教育把每个人都视为一个创意的起点,把每个人都视为一个智识和灵感的凝结中心。它的成全之道是从关注每一个学生和教师的成长开始,从尊重每一个学生和教师的心灵开始,从满足每一个学生和教师的需求开始,从善待每一个学生和教师的生命开始。

二、创建学习型学校,打造高素质人才队伍

21世纪,全球社会经济的向前推进和现代科技的迅猛发展,以学习型、创新型经济为鲜明特征的知识经济时代已悄然而至,中国要加快构建终身教育体系,建立学习型社会。学习型学校作为学习型社会的重要组成部分,是人才培养的基石,是社会发展的基础。学习型教师的发展和成长,学习型教师再造力的提高,对学习型学校的创建会发挥关键的作用,对学习型社会的建立和发展起到巨大的推动作用。

（一）学习型学校的建设——教师专业发展的内燃机

伴随我国教育事业的飞速发展，素质教育全面实施和新课程改革的大面积普及，社会对教育工作者提出了更高的要求。教师的眼界决定了课程的边界，时代敦促教师由"完成型"向"成就型"，由"课程的消费者"向"课程的建构者"不断裂变。以往的教师更多的是机械地完成教学工作，工作的指向为获得相应的报酬，我们称其为"完成型"教师。而现代的教师对工作充满热情，充满了智慧，对教书育人追求最大值，工作的指向帮助学生实现人生价值，我们称其为"成就型"教师。教师肩负着培养学习型人才、参与学习型社会建设的重任，自当首先成为学习型教师。学习型教师应具有哪些素质？学校管理者应怎样针对这些素质并结合新课程实施去培养学习型教师？

学校作为教师发展的主阵地，应该遵循教师们发展的内在需求规律，为教师们积极营造一种学习型校园的文化氛围，形成学术交流的学习场，促进教师综合素质提高，激活教师的"造血"功能。通过学习型学校的创建，为教师群体发展提供更多的动力能源，使教师们以新的理念、新的思想、新的知识、新的见解为指导，不断完善、修正行为，树立终身学习观，在主动学习中求思变，在持续探索中求发展。让每一位教师在教育教学中凸现优势，从而成为终身学习的践行者和领航人，培养更多的新世纪复合型人才。

（二）学习型学校教师队伍应具备的条件

学习型学校这一概念是在20世纪80年代美国麻省理工学院的彼得·圣吉在《第五项修炼——学习型组织的艺术与实务》一书中正式提出的。他将学习型组织描述为是一个"不断创新、进步的组织。大家是以共同愿景为基础，以团队学习为特征，其核心理念是'持续创造'，培养全新、前瞻而开阔的思维方式，提高群体智商，使教师活出生命意义，全力实现共同的抱负"。学校要真正成为学习型组织，必须要在原有的基础上，从"五项修炼"出发，对教师提出新的要求。

1.通过自我学习,教师要实现对自我的超越

培养自我超越的学习者是培养学习型教师的前提。所谓自我超越就是突破极限的自我挑战、自我实现、自我突破。任何一位教师都无法躲避时代的挑战和压力,每位教师都应探寻隐藏于内心深处的理想和愿望,调整固有的思维模式,激活个人的热情和潜能,从而勇敢地为愿望而行动,为目标而前行。

2.改变心智模式,教师要学会自我反思

教师固有的心智模式影响着教师的行为,教师容易把教学失败的原因归因于其他因素,如缺少现代化教学设备或学校领导不重视该科教学,但很少从自身找原因。要改变心智模式,就要以系统思维代替传统的片面的思维方式,对已经积累的知识、经验进行再加工和再整理,力求推陈出新。学习型组织要求教师一方面要向内看,不断反思自己的教学观念和教学行为,这对于教学水平和研究能力的提高具有重要作用。另一方面要求教师以开放的心态,加强合作,促进交流。在其他教师的帮助下,检视并修正自己的思维模式,不断认识自己,规范自己,提升自己,使自己不断进入一个精神充实、富于理智挑战的境界。

3.建立共同愿景,加强教师集体的凝聚力

共同愿景是个人愿景的汇聚,伟大的共同愿景可明确方向,在达成共识的基础上,共同愿景能够激发成员新的思考和行为方式,共同创造明天,携手接近目标。所以,要把教师的个人愿景同学校的发展目标结合起来,树立共同愿景。共同愿景具有强大的亲和力,它像一块高能量的"磁铁",使得每一位教师为实现共同的目标而自觉地、持续地学习,真诚地奉献自己的聪明才智,最终达到教师合力的最大化。

4.通过团队学习,促进教师间的交流与合作

团队学习以发展团体成员搭配与互动关系为目标,其关键是发展组织的交

谈技术——深度会谈和讨论。学校从加强团队学习入手,分别建立以信息反馈、反思、共享为基础的学习系统,扎扎实实地行动起来。团队学习并不是简单的个人智慧的叠加,而是要通过团队学习使集体的智慧达到一个新的高度,提高集体的战斗力。如以教研组为基本单位,可以开展信息交换、讨论、对话、集体反思和成果共享等活动,并逐步发展到学校的大团队学习。团队学习能激发集体的洞察力,培养成员的合作能力,提升学习速度,从而发挥出更大的学习效果。

5.学会系统思考,树立科学开放的全局观念

系统思考要求学校要具有系统的观念,每个成员都树立整体的行动和思考意识,系统思考可以令自我超越、共同愿景、组织学习有机地联系起来,可以使教师超越狭隘的学科观念,消除派别主义文化,从而具有开阔而前瞻的视野、更宽广的胸襟。这样,教师才能协调自身的教育活动,与其他教师协同作战,从而使各学科、各年级的教学有机融合,相互促进,齐心协力地培养学生。

（三）校本研修的系统化——学习型学校的助推器

结合"十四五"学校发展规划,我们将校本研修工作重点定位在课例研究项目上,确立了"一题一课一师一团队"课例研修模式,强化教师四种意识,推动学习共同体建设。

课例研究的具体做法:"一题"即课例研究的实际问题,也称为研究主题。研究的主题侧重从以下三个角度选取:一是学科知识的角度（对学科本质的理解、思想方法的渗透及学习方法指导等）;二是学生及其特点的角度（关于学习方式转变方面,不同个性与水平的学生认知规律方面等）;三是课程开发的角度（课程资源开发、现代信息技术的合理应用等）。"一课"即围绕研究主题进行的课堂教学预设。"一师"即一名授课教师进行课堂教学实践。"一师"既可以是刚入职的新教师、青年教师,也可是骨干教师,大家都有展示的机会。"一团队"

即研修过程促进教师学习共同体的形成与完善。"一团队"可以是学科的一个备课组,对于成员少的,也可以是一个教研组。

1.以理论学习为引领,专业提高奠基础

积极开展校本研修是学校理论学习的重要途径,是以教师为主体、以自身实际教育教学问题为对象,定期、定时、定目标进行的学习与研究合一的活动。学校领导班子要带头以学习为动力引领学习,成为在教育教学工作中充实提升的倡导者和组织者。校本研修以科研室为主导,各部门要互相协调、互相促进,积极创造条件,并坚持"学中悟、悟中做、做中思"的学习原则,校本研修采取"三个结合",即"专业引导学"与"集中辅导学"相结合,"专家指导学"和"个人潜心学"相结合,"网络交流学"与"同伴互助学"相结合。

学校定期为教师购买教育教学用书,订购教育杂志,让最新的学习内容滋养教师们的心灵。教师通过自我学习提高内涵修养,随时获得教育的新理念、新观点,更新自己的思想。此外,学校在校园网上,建立教师书屋,教师们可以克服时间紧、碰面交流少等问题,将教师理论学习的获得在教师论坛中分享学习成果和经验,也可针对疑难问题同伴互助交流。学校通过举行大型读书学习交流活动引导教师慢慢地读、细细地品、静静地思、积极地学。读书成为教师们的习惯,他们把学习当作了一种乐趣,认识到学习是教师生存的方式,他们学习一点、思考一点、记录一点、交流一点,就会体会一点、总结一点、改变一点、提高一点。

2.校本培训为平台,教师发展求思变

当教师有了一定的专业发展的理论基础后,学校就要以教师成长规律为指导,从不同教师的需求入手,及时地发现教师发展的"短板",不断地寻找教师的成长"卡点",以解决教师在学习中发现的问题,逐渐形成"问题牵动—专家引领—同伴互助"的校本培训模式。学校提升教师综合素质要有培训的整体目标,把握好方向,学校指导和安排各职能部门分解学校总体培训目标,做到工作重心下移,做好调研工作,把教师存在的问题和亟待解决的短板进行梳理,制定各部门培训目标。

在学校教师队伍的组成中,既有老教师和青年教师,也有骨干教师和问题教师,针对不同层面的教师,学校采取不同的方法和措施,发挥他们的长处和优势、调动他们的积极性,促进教师队伍整体协调、和谐发展。

（1）首席引领——提升骨干教师再创力

骨干教师是学校教育发展的助推器,是学校发展的动力之源。骨干教师在多年的工作中积累了一些宝贵的经验,形成了一定的教学特色。但面对新课程改革的需要,一些骨干教师也出现了吃老本、停滞不前等现象。为了克服他们"唯我独尊"的思想,学校开展骨干教师系列培训,如"'我与新课改'骨干教师论坛""聚焦骨干教师课堂""骨干教师视频课例评析""如何提高骨干教师的再创力"等活动,引导骨干教师与时代同步伐成长,走出"心理围城",拆除"自负围墙",广开思路,求思求变,变自赏为他赏、共赏。

（2）搭台唱戏——加强青年教师自诊力

青年教师是学校发展的希望,学校可持续发展的关键就是培养一支身正、学高、能干的青年教师队伍。他们有思想,接受新事物快,但经验不足,自由开放,随意性强。在培训时,学校坚持导师引领,构筑教师培养链,引导青年教师正确地分析和评价自己,学会自我把脉、自我诊断,帮助教师"过三关":学习关——现代教师成长的必备之能;实践关——现代教师发展的必经之途;反思关——现代教师提升的必由之路。学校指导和帮助青年教师勇闯"三关",为青年教师铺垫成长的奠基石。

（3）岗前培训——引领新教师顺利上岗

学校采取"首席教师帮带捆绑制",由教师的"个体培养"拓展为"群体发展",树立骨干和新教师互学共进、互荣双赢思想。学校针对近几年来新教师存在的问题分析归类,进行系统培训,如见习课堂写感受、理论学习谈感悟、对话名师增才识、业务考核促成长等,让青年教师上好"初为人师"的第一节课,帮助青年教师学会在教学反思中扎实成长。对问题教师实行跟踪听课、评课,对存在问题及时发现、找原因、补短板,智慧解决,从而促进全体教师的共同进步和持续发展。

3.校本教研为阵地,研究探索重实践

在基础教育领域飞速发展变化的今天,教育的地位和作用在变,教育目标在变,课程在变,课堂在变,师生关系也在变。面对这复杂的变化,教师要学会自我把脉,分析"客观真实状态"及"主观认识状态"的差异。自我诊断是教师认识自我的需要,是回归教师自主性教育的需要,是促进自我超越的需要。因此,针对校本教研的研究特点,学校应建立"问题—设计—行动—反思"的良性循环机制,在时间上和空间上为教师开展校本教研搭建舞台。结合新课程改革,引领教师聚焦课堂教学,结合课堂的实践,进行自我发展诊断,在实践中探索体验,在困惑中反思感悟,在研究中交流分享,在辨析中超越提高。教师在不断地反思教育习惯的同时,也会审视自身的教育行为,体验互动,真正实现"在实践中学习"的思想。

三、助力提升教师品德素养,让学校文明创建之途更加坚实

教师是文明创建的重要传播者和践行者。习近平总书记要求教师要有"理想信念、道德情操、扎实学识、仁爱之心",只有这样的教师队伍,才会让文明校园的创建之途更加宽广坚实。

在学校发展的历程中,教师对"师之德行"的认知逐步提高,"有正气、思正业、行正途"已成为固化于全体教师心底的认识,只有这样教师才能够始终保持

政治坚定、思想常新、技能精湛等状态。

（一）精神引领，文化共建，让教师具有价值追求的情怀

精神文化是一所学校的灵魂，是凝聚人心的精神力量，是学校核心的价值追求。学校围绕这一核心，构建精神文化，努力做到两个"符合"：

一是符合时代发展，赋予教师生涯使命感。近几年，教育改革不断深化，相关政策逐步调整，学校生源素质差异性大，办学质量面临严峻挑战。学校抓住建校五十周年的契机，带领教师们回溯办学历程，感悟提炼了"共融共生"的学校精神，并为之践行传承，办学水平日渐提高，办学质量逆势而上。这一精神，激励着教师融个人之力，堪教育大任。

二是符合成长规律，给予教师职业幸福感。展望学校未来，教师们共同绘制了"让每一名师生，在每一个生活瞬间都有美好回忆、成长收获、人生价值"的学校发展愿景，在绘制过程中，教师转变了从教观念，懂得了如何品味教育生活的幸福与快乐，坚定了实现美好憧憬的方向与信念。这是学校未来发展最坚实的精神根基。

（二）研修并举，德能兼备，让教师释放才情

学校力求让"德能研修"成为教师生活的常态。

一是研修立足于生活积累，修养沉淀。教师要抓住"讲台"和"讲坛"这两个平台，浸润德能素养的修炼。每位教师在讲台上，都要努力构建"思维活跃、思考深入、思想构建"的情智课堂。备课时，教师要关注知识与学生素养的内化结合，这就需要教师先修己身、先提己能。每周的教师讲坛上，"成长感悟""夸夸我的同伴"等栏目，使教师们在传递智慧与文明的同时，也收获了赞扬与自信。

二是研修立足激发斗志，挖掘潜能。抓住内容形式的"新"与"持"，促进德能修养的凝练。"新"是选择当下热点话题、各种思潮、多元正能量内容学习讨

论,引领教师与时俱进。电视栏目"我是演说家"等启示教师要有长远的教育眼光,脚踏实地地做事。"持"是坚持开展有效的学习行动,引领教师反思提升。利用学校教师文化节,有专家引领、教学实践比拼、教科研成果汇报等内容,这些都可以引导教师静下心来汲取成长的力量,让师德建设永葆欣欣向荣的生命力。

教育生活充满艰辛,但同时也充满快乐。教师生涯既有曲折又有幸福,教师在成长中拥有德能兼备的真实力,学校在发展中不断迸发出正能量。对于一个人来说,学习是一种习惯,是相伴终身的习惯;对于一个组织来说,学习是一项"修炼",值得我们穷极一生为之追求、为之奋斗。这项修炼对于学校尤为重要,正像加德纳所说的,"一时的炒作和口号绝不是教育"。为此,我们更应努力培养一支具有终身学习型特色的师资队伍,把学校建设成为特色鲜明、质量一流、令社会满意的"学习型"学校。

.... 第三节

整合完善学科课程，
丰富"情智课程"内涵 ....

情智让学生主动发展，情智让学校生机勃勃，情智让教育拥有温度。在新课程理念的影响下，中学教学工作逐步进入了新的发展阶段。伴随着学生学习需求的逐步提升，学科资源整合与应用成为教学发展的新标志。哈尔滨市第四十九中学以特色中学及特色课程体系建设为工作核心，在课程规划层面致力于探索学校课程整合的现实路径。

"知"与"行"是学习的两个有效途径。古人云：读万卷书，行万里路。"知"就是一种学习，即认识客观事实，知晓里面的来龙去脉。"知"是一种探索，探索未知世界事物的本质，寻求对客观世界的解释。而"行"就是做，就是实践，是将知识的积累运用到现实世界的改造中，在实践体验中获得自我见识的再提升。因此，"知"可以丰富认识，引导行动；"行"可以激活书本知识，促成从知识到智慧的转化，获得生活感悟，使"知"更深刻。两者相辅相成，不可偏废，更不可相互替代，即要做到"知行合一"。学校构建情智课程，以科学课堂、多学科融合或跨学科整合为抓手，能够达到增知识、长智慧、学技能、养品行的育人目标。

当代学校课程发展的逻辑起点已从学科内容走向学生综合素质提升,而在指向学生综合素质提升的课程实施中,首先强调的就是课程整合模式的应用。传统上,课程整合往往只将"整合"视为课程组织方式,专注于开发相关的综合性课程,并未从课程规划的宏观层面思考如何落实课程整合的要求。由于学校课程规划承担着统筹育人目标、课程结构、教学方式、课程评价、课程管理与保障等要素与功能,故除了学科层面的整合和以单元教学为核心的课堂层面的整合外,还应以整合的视角对学校课程进行顶层设计,将整合视为一种思维方式或价值观,渗透到学校课程规划的方方面面。只有对学校课程规划层面的课程整合进行统领性回答,才能架构起支撑综合素质培育的学校整体课程体系。

一、学校课程整合的目标规划

(一)推进课程的模块化和系列化设计,形成整合性课程结构

从课程政策的角度看,国家课程方案已经体现出学校层面的课程整合诉求与规定,包括将原有学科统整为相应的学习领域,以加强学科之间的勾连;不同课程门类融合形成综合性课程;设置综合实践活动作为必修课程,给予学生综合性学习的机会。这些规定,一方面是政策要求,学校课程必须予以贯彻;另一方面也为核心素养尤其是跨学科素养的培育找到了课程整合的思路。

在遵循哈尔滨市中学课程方案关于基础型课程、拓展型课程和研究型课程开设要求的基础上,哈尔滨市第四十九中学通过调整和统筹课程结构及门类,加强课程的模块化和系列化建设,强化课程门类之间的联系,形成了整合性的课程结构,以期为学生素养的培育提供整合性学习空间。

首先,在基础型课程中推进信息技术与理科教学的整合。学校全面推进信息技术与理科教学的整合,特别是将数字化实验系统(DIS)普遍应用于理科课程的实验中,借助实验促进理科教学的融合。

其次，在拓展型课程中，除学校传统节日、班团队活动、社区服务和社会实践、主题教育等限定拓展内容以整合的方式实施外，自主拓展课程作为拓展型课程的主体，可分为德育（融合）活动类课程和学科（融合）活动类课程。其中，德育（融合）活动类课程包括三个系列："正能量"系列、"学先锋"系列和"行路者"系列；学科（融合）活动类课程又包括身心健康类、人文底蕴类、艺术修养类、科学技术类等类型。上述不同类别和系列的具体课程门类，都要求体现整合设计或实施的思路。

再次，在研究型课程中，以学生自主选择研究课题开展生活探究为主要形式，可分为实践研究和创新研究两大类课程的模块化和系列化建设。这强化了学校课程结构和课程门类的关联性和整合性，为学生核心素养的培育奠定了基础。

（二）设计整合性学习任务，推进跨学科学习

基于核心素养的课程实施要以知识点为中心开展教学，注重设置跨学科主题单元，选取并建构合适的主题任务，开展跨学科学习主题任务，为学生提供恰当的、可应用所学内容解决问题的情境。这些情境通常是真实的生活情境，与学生所能体验的日常生活、社会现实、自然环境等密切关联。问题情境可以分解为多个活动或多重任务，完成任务所需要的知识或能力与学生在现实生活情境或未来专业领域中的问题解决在深层的反应机制上是一致的。只有这样的任务设计，才能保障学生获得素养的可迁移性。整合性学习任务的实施需要借助跨学科学习予以实现。所以，问题驱动、项目引领、主题探究、合作学习等跨学科学习方式应该成为学校在规划课程实施时极力倡导的方向。围绕某个现实问题或特定目标，学生应用学科（或跨学科）概念或原理，调动外部资源进行调查、研究、合作、设计等自主探究活动，最终解决问题或形成产品。这是学科或跨学科素养得以形成的必由之路。

251

哈尔滨市第四十九中学在实施基础型、拓展型和研究型三类课程的过程中展现出跨学科学习的方向和特征。基础型课程明确要求从单元教学目标设计、问题导向教学过程和创设情境学习活动进行教学优化。比如，英语教研组尝试用学习阶段的形式制定阶段目标教学设计问题驱动的课堂活动；理科注重与DIS创新实验课程的整合；地理以"行为体验教学"为突破口，变教师的讲授为学生的学习等。拓展型课程与研究型课程要求开展围绕主题单元的综合学习，教师要作为合作研究者与学生一起投入探究活动。

（三）完善学校课程建设的保障机制，支撑课程整合的有效运作

学校课程运作需要师资、资源、制度等多方面的保障。为支持课程整合的建设方向，学校首先需要思考教师队伍的配备以及教师协同教学和跨学科教研的组织。对普通的学科教师来说，一是鼓励打破学科壁垒，探索如何在基础学科教学中有效渗透跨学科教学。二是支持不同专业背景、不同学科、不同教育单位的多位教师跨领域合作，合作开展课程开发和教学研究。

此外，要创新学校管理机构，完善课程整合的制度建设。学校课程建设需要相应机构和相关制度的支撑。一是为促进课程整合有效实施。要根据学校课程结构，创造性地设立科技创新中心、艺术创意中心和健康发展中心等部分，使其负责学校课程整合的方案策划与制定、方案推进与协调、师资建设与培训等，从而为学校的课程整合提供学术支持。二是要完善支撑学校课程结构和教学运作的管理机制。哈尔滨市第四十九中学从课程建设与更新机制、多功能学生选课平台建设、选课走班制度完善中学生成长系统建设等方面着手，使管理逐渐由粗放走向精细，为学校课程整合建设提供有效支撑。

二、学科课程整合的推进策略

（一）学校完善整合的保障机制

学校应重视课程整合，完善整合课程所要求的保障机制。完善多媒体教学设备进课堂等各方面基础建设，为学科的发展提供必要的保障。学校还应进行必要的资金投入，以确保教师能够及时购买学科整合的相关教学材料。学校要统一安排时间，固定研究场所，保证各学科教师学科整合活动正常进行。学校要建立和健全课程整合的保障机制，加强各方面的投入，制定一些行之有效的开发和利用课程的原则、方案，切实保障课程开发利用顺利进行。同时，还要加强师资培训和学科整合策略研究。要加强教师培训，使其学习学科整合的相关理论，加强学科整合的知识和能力，组织教师开展教学实践，即学科整合的教学实践。

（二）注重课程整合制度建设

学校要建立科学的学科整合制度。学校对学科整合工作要搞好顶层设计，明确学科整合的步骤和措施，建立学科整合激励机制，充分激活进行课程整合教师的积极性。对积极投入学科整合的教师要及时鼓励和大力表彰，在职称评聘、职务晋升、评优树先等方面予以倾斜。学校要建立科学的课堂教学制度。教学有法，教无定法。学校可鼓励有指导性的教学模式，但不能要求教师拘泥于模式，而是要不断超越模式。

（三）提高教师资源开发的能力

学校要提高教师课程整合的能力。引导教师在抓住课堂教学这一主阵地的同时还应深入学生，树立"三贴近"意识，即贴近生活、贴近实际、贴近学生，努力培养学生发展的核心素养。教师作为课程开发的主体，还应加强理论学习，学习科学的课程理论，敢于打破常规、敢于创新，自觉成为中学课程整合的开发者和创造者。如学校地理组教师把时事热点整合到地理教学中的做法就激活了地理教学，他们将新闻热点作为课堂教学的补充材料，与相关的地理知识进行整合，其教学效果很明显，课程因此受到了学生的欢迎。

三、展望学科课程整合的发展方向

（一）实施多元化教师培养模式

学校部分教师对课程整合和利用的观念淡薄，即使感觉有必要在课堂教学中对某个知识点做系统的总结，但只要一旦下课，就放下了这件事，缺少恒心和毅力。而有的教师对课程的利用还仅仅停留在教材、教参、考试大纲、电脑等工具上，把现成的知识照搬照抄，没有把更多地把时间和精力用在教学研究上。学校要强化资金支持和精神鼓励，使教师用心地研究教材、考试大纲、学生，用心地交流、借鉴、融合教学经验，会积极参与编制新课程、实现资源共享。教师培训机构要综合采用灵活多样的"菜单式"培训，让教师根据自己的需要有"点菜"的机会，及时进行进修提高。

（二）提升教师学科课程教育素养

对于21世纪学生发展核心素养研究的深入开展，对教师教育课程的提升要求越来越迫切。这要求任课教师在整合学科课程时，首先要关注课本，单元、课时、框题、题目等授课必须讨论清楚的问题。其次是乡土资源、特色资源，教师要引导学生熟练驾驭身边的资源。但在实际情况中仍存在一些问题。如名人资源少、时事热点资源少和电视、网络等大众传媒能够用于教学的资源少，外部资源和内部资源获得的途径少。这就要求教师要创新教学，提高积极性和自觉性。课堂教学资源具有多样性，家长、学生、其他兄弟学校都是教师们可挖掘的宝贵财富和资源。教师要主动学习、借鉴、反思，进而编制高质量的学科课程。学校也要通过各种方式，激发教师的批判能力、创造性思维、问题解决能力、合作交流能力等。

（三）促进"互联网＋教育"深度融合

随着数字化平台融入教师培训，智能化的教学设备和工具构建了一个智能的学习环境，教师和学生的网络交流应该成为常态。教师常听专家讲座、与其他学校教师交流，能够全面提高整体能力和综合素养。随着新课标的修订和实施，学科课程整合要紧跟党和国家的形势和经济、社会发展的现实。注重形式各异的教育与学习活动，更新教育观念和课程观念，教师会以积极饱满的热情投入到课程整合与创新的大潮中。

（四）变革碎片化的考试技能训练

根据系统理论，教师应引导学生考虑学习策略和方法的提升。初中阶段的学生要逐步学会自主学习，包括提出问题、构建知识网络、运用知识解决现实问题等。但现实情况是，部分学生感觉平时学业压力大，作业多。有些学生不能全身心投入教师辛辛苦苦整合的学科课程中。还有些学生认为，自己尝试模仿教师进行知识体系整体构建和分解知识点，会影响到下节课的学习。这十分影响学生的全面发展。

情感与智慧的协调源于"情感与智慧的协调与和谐发展"这一理念，它不是中学文化的具体阐释，而是基于中学构筑课程的目标而产生的观念，指特定活动的进展状况，也指智慧以及品质的开拓和建设。情感和智慧的协调发展，需要学生们的"情感"和"智慧"两个层次统一、平稳，努力实现智慧、情感上的相互作用和协调共存。学校以情感和智力协调发展为目标，从综合性、经验性和透视性角度将课程与实践有机结合，在高度的课堂综合性的基础之上，提高实践在课程中的比例。在日常生活中，教师不仅要关注学生思想和思维发育之间的有机联系，还要关注学生与学生之间在沟通过程中的方式。教师要针对不同类型的学生，运用不同的教育方式，将教育模式进行充分优化。

　　课程整合是指向学生全面发展的课程开发模式的必然选择。作为一种思维方式和价值观,基于学生情智提升的课程整合早已渗透到学校课程体系的方方面面。学校努力整合学科资源,推进情智课程,建构情智育人文化,以期更好地指导教学和实践。

第四节
建立多元评价体系，
提升科学评价的效能

　　构建立足于学生人格发展、教师专业提升的发展性课程评价体系，是促使学校课程改革走向深入的重心。教育质量评价是深化教育综合改革的关键环节。哈尔滨市第四十九中学始终把促进每一个学生平衡、充分地发展放在首位，关注每一个学生的成长状况，并通过分析、指导，提出改进计划，服务学生发展。

　　课程评价是课程实现学生学习价值的指向标，学校课程在进一步完善评价体系时，还需要在课程设置上、激励学生发展上、教师课程的研究力上，使评价目标多元化、评价方法多样化。根据育人价值标准，科学地采集相关评价信息，采取定性和定量的方式，对课程立意、对课程计划、课程内容、对课程的实施过程及课程实施效果，进行系统化的评价，深化学校课程的教育质量。

一、构建多元评价体系

（一）加大对学校课程本身的评价

　　进一步完善对学校课程的全过程的评价机制。在课程建设的各个环节都要有相应的评价，如对课程立意的评价，对每种课程建设的指导思想、育人价值功能等进行评价和筛选。评价指标指向课程与当前的教育价值是否一致,是否与学生发展的需要相符合。进一步对课程计划评价,包括课程设置是否科学,课程结构是否合理,课程内容是否精准,课程形式是否受欢迎,课程课时是否开足等。对课程实施过程也要评价,主要是对课堂教学过程的评价,其中对教师的评价侧重了解教师的教学方法、教学手段、教学水平、师生的互动性等。对学生的评价侧重于了解学生的兴趣、学生的参与性、学生的感受。对课程效果的评价,要注重学生选课的多少、课程对学生产生的变化、学生对课程的满意程度等。

（二）加大课程对学生作用效果的评价

评价指导多元化,从学生的学习态度到学习的效果,从创新的精神到实践能力,从知识获得到素养提升,从智力发展到价值观等,制定评价指标,使评价更全面。评价指标的多样化,对学生的评价采取课程前、课程中、课程后学生的发展变化,要建立定量和定性相结合的方法,更真实、更准确地反映出学生的客观状态和发展事实。评价手段的科学化,探索运用信息技术参与对学生的评价。完善技术,建立科学的评价指标,借助大数据,为学生建立发展变化动态图,进行阶段性评价和持续性评价相结合,建立长远的追踪评定,为学校课程建设的动态调整提供真实依据。

哈尔滨四十九中学继续优化评价指标,落实立德树人的根本任务,在更高层次上关注教育功能的变化,完善和创新评价要素,让综合评价体系形成有效闭环。增强评价机制的科学性、公平性和可操作性,以更合理的教育评价体系激发学生的内在潜力,调动其积极性,从而引导学生成长为德行俱佳、思维敏捷、身心健康、热爱劳动的少年。

二、提升科学评价的效能

（一）注重过程性评价，强化终结性评价

课堂教学中的评价既包括具体的每一堂课教学全过程的评价，也包括各学科教学中的全程评价。其中，具体的每堂课教学全过程的评价，主要采取的是过程性评价方式；各学科教学全过程的评价，大多则主要是通过考试等手段来测量学生学科学习的学业成绩，体现为终结性评价方式。在课堂教学中，这两种评价方式缺一不可。

然而，在中学课堂教学实际操作中，大家更加注重对学生学习结果的评价，即终结性评价。教师、学生以及学生家长都较为重视学生的考试成绩，而忽视学生在课堂教学中的具体表现，这使得教师在课堂教学中对过程性评价运用得较少。终结性评价是对学生笼统的总结评价，但对于学生具体的优势和不足，终结性评价是无法真正衡量出来的。终结性评价无法具体地去考查学生思维、自然领悟力、情感和价值观的动态运行情况，学生无法具体地、更全面地了解自己。同时，学生的学习兴趣、学习效率、学习动机等，单凭学习结果也无法准确衡量。

与注重学习结果的终结性评价不同，过程性评价方式具有情境性的优点。教师通过具体的教学情境，评价学生的思维过程、情感态度和操作技能。由于教师对学生学习状况的了解是在课堂教学进程中完成的，所以，过程性评价方式能更详细、具体地反映出学生参与课堂教学的积极性和学习兴趣、学习潜能等因素。教师是课堂教学的组织者，过程性评价对于教师的教学能力和水平也是一个巨大的挑战，它有助于教师不断地调整自己的教学，及时地发现问题所在。

教学是一个动态的过程，课堂教学评价也应当是一个动态的评价，而不是

一个总结性的固定的结论。因此，课堂教学应改变传统的仅关注学习结果的评价方式，而应实施一种既关注学习过程和学习效率又关注学习结果、过程性评价和终结性评价相结合的新评价方式，即科学评价。

（二）注重学生认知能力的提高，促进学生健康人格的形成

以往学校为追求升学率，把考试成绩看作衡量课堂教学效果的唯一指标。这导致在课堂教学中，教师只按统一的评判标准对学生的认知成果进行检验，而不考虑学生的学习情感和学习态度。事实上，只重视认知能力的评价给中学生心理上带来的影响是教师不能回避的现实。在课程教学中，教师习惯于以认知结果来对学生进行评价，但一些认知能力较弱的学生受教师批评后，易形成退缩、胆怯等心理障碍。特别是有些中学生由于在课堂中受到不当评价的影响，导致其对教师的任何评价都较为恐惧。长此以往，这类只注重认知能力的评价会直接或间接地影响学生的成长与发展，导致学生失去学习的积极性和主动性，从而影响教学效果，甚至影响学生的心灵成长与自我发展。

因此，评价不仅要考虑学生个体的学习行为，还要考虑到学生学习过程中的心理状态。教师应时刻考虑自己的评价是否会产生负面影响。尤其是对学习成绩不理想的学生，教师更应该采用正面的、鼓励性的、从其他认知优势的角度评价，增强学生战胜学习困难的勇气。课程教学评价采用科学评价方式，要求教师在课堂教学中不仅要重视学生认知发展，还要重视课堂教学中学生个体的情感、态度、价值观等难以进行定量评价的素养，这有助于学生健康人格的形成。

（三）注重学生自我价值的实现

课程是学生学习的主要载体，但有些教师习惯于单向灌输，这并不利于学生的全面发展。中学教师在课堂教学中要深入观察、全面了解学生，及时地发现学生的错误和进步，以及学生学习的进展及变化，深刻把握学生学习的整体

动态过程,而不是一味地灌输。教师可以通过实施评价来向学生传递教学的重要信息,让学生清楚自己该学什么,该采取何种学习方法,该达到一个怎样的学习效果。在评价过程中,教师若能更多地肯定和发现学生的优点和个性,并给予适当的鼓励,将有助于学生产生自我认同感,有利于激发学生的学习动机,提高学生的学习积极性。因此,在教学中采用科学评价具有积极的导向意义,有助于教学任务的完成。

中学生大多喜欢展现自己,有较强的表现欲。随着年龄的不断增长,他们所具有的独立性和自我意识也会得到不断发展,他们越来越希望得到他人更多的理解与尊重。如果教师在课堂教学中不注重学生的这种变化,不做出相应的努力和调整,那么教师的权威在学生的心中就会一点点地丧失。在传统的课程评价中,教师关注的是如何更好地将知识传授给学生。而在科学评价中,教师则会由关注知识的传授转向关注学生的发展,学生也因此更能体验到自我价值的实现。

教育改革的核心是课程改革,我们各个学校应该以发展的视角开展课程建设和教学改革。中国教育已经进入了新时代,在《中国教育现代化2035》提出到2035年,我国教育总体实现现代化,总体发展水平达到发达国家教育平均水平。在信息发展的新时代,我们在学校课程建设时,还需要加大科技育人的水平和信息化教育育人功能的力度,真正培养出适应新时代适应社会发展的综合型人才。

三、学校课程将提高科技育人水平

我国基础教育理论雄厚又扎实,在此基础上,国家培养了一批批学术专业精深的人才,这一优势被世界许多教育者所关注甚至学习。但伴随着社会的发展,时代需要更多有批判性思维、实践探究能力、创造性思想、团队合作精神的人才。这也是党的十九大提出把落实立德树人作为根本任务的原因。通过不断地提高学生的核心素养,培养适应社会未来发展的人才。因此,教师的视角也要从只关注"学科教学"转向"学科现代信息技术教育"。学生要从过去单一性知识的堆砌转向为多元性思维的方法建构,这都需要我们的育人方式和学生的学习方式同频同步变革。

科技实验有它独特的魅力,是学生最喜欢和最期待的学习方式。无论什么性质的学校,什么层次的学生,实验教学都可以凭借它独特的魅力,深深地吸引着学生。它的魅力所在,就是学生可以通过情境的创设、动手实践、观察思考、大胆质疑、思维构建等一系列的活动,亲自体会到知识的发生、发展、和变化。而一个人在基础教育阶段,特别是中学阶段,养成对事物的好奇、探究的欲望、思考习惯、研究的能力等,会对其一生的学习和工作产生终身的影响。

2019年11月29日,当教育部发布《教育部关于加强和改进中小学实验教学的意见》时,作为教育工作者的我们特别振奋。四十九中学已经从教育理念、教学实践、师资配置、实验设备、管理方法、评价机制等方面开始科学谋划,为贯彻执行教育部发布《教育部关于加强和改进中小学实验教学的意见》,为落实教育部发布的中学物理、化学、生物学、地理、数学5个学科教学装备,配置标准和《实验教学意见》做好充分准备。加大对科技育人功能馆室的建设,将新理念、新课程、新技术运用到创意中心,引入更加具有开放性、互动性和探究性的科技活动项目,加大规划设计出STEAM、机器人、遥感类的课程,与高校对接让学生利用模拟实验室,进行科技探索,让学校的实验教学走上新的具有创新特点的快车道。

四、进一步优化信息化教育育人功能

（一）教育信息化

教育信息化已成为世界范围内教育现代化的重要标志。教育信息化有两层含义：一是把提高信息素养纳入教育目标，培养适应信息社会的人才；二是把信息技术手段有效应用于教学管理与科研，注重教育信息资源的开发和利用。教育信息化的核心内容是教学信息化。教学是教育领域的中心工作，教学信息化就是要使教学手段科技化、教育传播信息化、教学方式现代化。教育信息化，要求在教育过程中较全面地运用以计算机、多媒体、大数据、人工智能和网络通信为基础的现代信息技术，促进教育改革，从而适应正在到来的信息化社会提出的新要求，对深化教育改革，实施素质教育，具有重大的意义。2018年4月13日，教育部正式发布《教育信息化2.0行动计划》。

教育信息化的技术特点是数字化、网络化、智能化和多媒体化，基本特征是开放、共享、交互、协作。它以教育信息化促进教育现代化，用信息技术改变传统模式。教育信息化的发展，带来了教育形式和学习方式的重大变革，促进教育改革，对传统的教育思想、观念、模式、内容和方法产生了巨大冲击。教育信息化是国家信息化的重要组成部分，对于转变教育思想和观念、深化教育改革、提高教育质量和效益、培养创新人才具有深远意义，是实现教育跨越式发展的必然选择。

教育信息化在未来将在教育云平台上进行展现，随着教育信息化平台的发展应用。根据教育部的规划，教育信息化将为现有的教育网、校园网进行教育信息化升级，新一代教育网必然成为未来教育信息化的基础。未来的教育云平台，将实现互联网、电信网、广电网等跨平台使用并且支持移动应用。

教育信息化的目的可以概括为四个方面：一是促进信息技术在教育领域的

广泛应用,二是推动教育的改革和发展,三是培养适应信息社会要求的创新人才,四是促进教育现代化。

在教育领域广泛应用信息技术、开发教育资源、优化教育过程、提高教育质量和效益,是教育信息化的原始动力,也是推动教育的改革和发展,是培养适应信息社会要求的创新人才,以及促进教育现代化的基础和前提。

当今世界各国,以经济和科技实力为基础的综合国力的竞争日趋激烈,这种竞争还将长期存在。它在很大程度上取决于人才的数量和质量,而人才竞争的实质就是教育的竞争。教育要与我国经济社会发展的战略目标和战略步骤相适应,才能为我国社会主义现代化建设提供足够的人才支持。为了实现这一目标,就必须深化教育改革,更新教育观念,改革教育内容和方法,逐步建立适应21世纪经济社会发展和现代化建设需要的新的教育体系。因此,教育事业发展的根本出路在于改革。改革的内在动力,一方面来源于现代信息技术在教育领域的渗透和应用,这大大地改变了教育的技术手段和方式;另一方面是来自社会经济发展的迫切要求。其中以信息技术在教育领域的全面运用为核心的教育信息化为推动教育的改革和发展提供了有利的时机和条件。信息社会的发展不仅对人才的数量,更重要的是对人才的质量提出了更高的要求,"信息社会所需要的新型人才应当是具有全面而坚实的文化基础(特别是信息方面的文化基础),能不断自我更新知识结构,能与人合作共事,富有创造性和应变能力并具有高尚道德品质的一代新人。为了能够适应信息社会日新月异的发展速度,信息社会的人才必须具有很强的信息获取、信息分析和信息加工的能力"。[①]研究可见,"信息方面的知识与能力是21世纪新型人才必须具备的知识结构与能力素质"。

学校信息化教学环境是教育信息化的基础。教育信息化如果离开了能适

①周铁权《加强教育信息化建设,发掘教育技术装备效能》课程教育

应学生信息化学习所需要的信息化教学环境,就成不了教育信息化的重要内容。信息化教学环境,绝非仅仅硬件系统而已,而是硬件、软件的有机综合系统。与传统的教学环境相比,其具有明显的优势:一是增强了共享学习资源的通信功能;二是实现了教学设施的网络化;三是促进了多媒体学习环境的完善。

(二)学校教育信息化发展展望

第一,提升校园智能化水平。在初级层面上,智能校园建设要求学校具备与多媒体终端相配套完善的学校网络基础设施;在中级层面上构建网络运行维护的长效机制,例如,数字教育资源等;在实现教育信息化基础设置建设、网络机制运行基础上,强调提升智能校园水平应综合运用大数据、物联网、云计算和混合智能等技术,构建教学、管理、服务一体化的智能平台,通过数据的伴随式搜集和信息的自动化分析实现由环境数据化到数据环境化的转变。

第二,探索新型教学形式。不单单强调信息技术与教育的深度融合,更关注智能空间环境下教育的个性化、协同化与多元化。现代信息技术作用于人才培养模式变革,鼓励基于大数据开展学生个性化分析,并制定符合学生发展需求的个性化培养方案。以智能协同、虚拟教学的形式实现规模化教育与个性化培养有机结合,开发智能教育助理,使其贯穿教学、实践、评价全过程。

第三,创新信息技术线上推送载体。以在线学习等形式精准推送定拓展课程内容。互联网可以打破学校教育资源供给的"围墙",构建全体参与、校内外结合的优质数字资源共享机制与学校服务体系。这可以使不同层次、不同潜质的学生,更加自主性选择性的探索和研究。学校借助信息技术,建立共享优质教育资源,精准扶智,促进师生新的发展。

第四,推进教育治理方式变革。以大数据为基础,追求教育管理精准化与决策科学化,在智能信息管理系统基础上形成现代化的教育管理与监测体系。优化信息化网络安全环境,加强信息化制度与数字化资源标准建设,逐步消除信息孤岛,确保网络教育环境的安全、可靠,确保优质教育资源的联通与共享。

第五,教育信息化发展图景与核心举措面向2035。信息技术作为教育现代化变革的核心要素之一,如何寻求教育信息化的前进发力点与未来趋势是现今重要的课题。学校的智慧教育平台,持续有效的教育信息化技术、服务供给模式,旨在建立教育信息化可持续发展机制,围绕教育信息化发展机制,打造智能校园,利用现代技术进行教育管理,形成更加优质的数字教育资源。展望2035年教育信息化发展图景,彩绘学校课程建设未来发展之路,为每一名师生可持续发展不断赋能。

/ 后 记 /

　　历史在时序更替，梦想在奋进中实现。哈尔滨市第四十九中学的情智教育之路也在近十年的摸索中逐渐走出了自身特色，取得了丰硕的成果。学校工作从最初的一个个教育教学活动设计与实施，逐步转型升级为整体构建；从前几年重点规范学生的行为习惯，逐步转型升级为侧重关注学生的精神世界，关注学生的品行和道德发展，培育学生核心素养。

　　蕴育学生未来的成长，路漫漫其修远兮。学校教育的核心问题，是使每个人确立崇高的生活目的，向着未来阔步前进，时时刻刻想着未来，关注着未来。由理解社会理想到形成个人崇高的生活目的，这首先是情感教育的一条漫长的道路。在中学这个重要的人生阶段，我们一直坚持着科学的教育发展观，为学生的健康、快乐发展提供专业支持的"情智课程"的教育功效也逐渐清晰。在课程体系的构建和实践中，学校始终坚持落实立德树人的根本任务，践行习近平总书记"努力让每个人都有人生出彩的机会"的教育论述，围绕"培植有生命气息的校园，办有生命情怀的教育"办学思想，致力于实现全校师生共同的生命成长。

　　学生的发展首先是为了能够成为自己幸福生活的创造者，进而成为新时代社会主义社会的建设者。正如顾明远先生所说："教育的本质主要是提高生命的质量和生命的价值。提高生命的质量，就是说一个人通过教育提高了生存能力，使他能过上有尊严而幸福的生活；提高人的生命价值，是说一个人通过教育提高了他为社会服务的品德和能力，使他能为社会、为人类做出应有的贡献"。哈尔滨市第四十九中学的"情智课程"建设以"金字塔"型的课程体系结构，逐层、逐步培养学生多方面的能力。基础型课程为学生打好专业基础，绘制生命底色；体验型课程赋予学生厚植灵魂深处的文化力量，使学生成为"四九密码"的解读者；拓展型课程"1+X"的创新模式拓展学科能力，也让课程充满了无限的可能性；研究型课程让学生的综合素质和能力得到提升，培养了开放性思维能力。

教师是立教之基、兴教之本、强教之源。不断提高教师素养，建设一支师德高尚、业务精湛的高素质的教师队伍，促进学校可持续性发展，这是我们全体师生的共同愿景和重要工程。在"情智课程"体系建设的过程中，教师同样从中实现了生命成长。以研促教，引领教师教育教学实践持续发展，形式多样的校本研修，也让教师从中找到了更加适合自己、适合学生的教学模式，获得了专业提升，对这一职业更加热爱。

感谢教师们多年来的坚守与付出，此书是全校教师共同的心血，它代表着我们对既往成绩的总结，更昭示了我们前进的信心。这一切都是为了学生的未来发展铺路，更是尊重生命意志，蕴育希望之梦的举措。

站在新的教育发展路口，我们既要不忘初心、从容镇定，坚守应有的理念，又要未雨绸缪，探索前行，在盘点过往中运筹未来。

张 巍

2021年8月